# 日本の夫婦

## パートナーとやっていく幸せと葛藤

柏木惠子・平木典子 編著

金子書房

本書を
大切な研究仲間であった
中釜洋子さんに捧げます。

# まえがき

最近、家族の危機としきりにいわれ、結婚や夫婦をめぐる話題が世間を賑わせています。「クリスマスケーキ」といわれた結婚適齢期（24、25歳頃）はとうに消失して晩婚化はどんどん進み、生涯非婚で終わる人は近い将来、3割強になると予測されています。こうしてみますと、結婚は忌避されているかにみえますが、そうではありません。未婚者で生涯結婚はしないと決めている人は少数で、ほとんどが「いつか結婚したい」といいます。結婚することで「心理的に安定する」と期待して、です。そこで婚活はさかんになり、親ぐるみの婚活も稀ではないありさまです。

では、このように魅力ありと期待して結婚した夫婦は幸せでしょうか？　心理的に安定しているのでしょうか？　答えはノーです。結婚前は仲良くともに行動し親密に話し合っていた二人にはすれ違いや衝突が多々生じ、対話や共行動は断念して「子どもと結婚した妻」「仕事と浮気をしている夫」状態は少なくありません。どうみても「心理的安定」は得られておらず、幸せではないカップルが多々みられます。そのゆきつく先が離婚です。最近発売されたアエラ（二〇一四年二月二四日発行第27巻8号）には夫婦関係が特集としてとりあげられていますが、そのなかに「40歳から始める夫断捨離の夢路」（17-19頁）という記事があり、夫との結婚に愛想を尽かした妻たちが離婚計画を練っている事情が披瀝されています。家財や衣服のダンシャリや生前整理はいまや大流行ですが、夫のダンシャリも負けず劣らず進行中なのです。

一体なぜなのでしょうか？　本書はこのような夫婦の現実とその解決への道を、家族心理学の研究者と家族問題の解決に携わる家族臨床の専門家が協力してわかりやすく書いたものです。

いま「家族」は社会の変動に伴って多様化流動化しつつあります。長らく「結婚は幸せの源泉」「夫は稼ぎ妻は家を守る」のがよしとされてきましたが、いまやいずれも幻想にすぎません。激動する社会は新しい夫婦の関係性を必要としています。「家族もち」という言葉がありますが、家族はもつだけではダメ、夫妻がともどもに「家族する」ことが必要です。しかも「家族する」ことと夫妻それぞれが個人として生きること、この二つのバランスが求められています。これができた関係こそが夫婦の心理的安定と幸福につながります。

本書にはその様相が具体的に書かれており、現在抱えておいでの夫婦の関係の問題への答えを見出すことができるでしょう。

柏木恵子

二〇一四年三月

目次

装幀　岡田真理子

# 第1章

# 夫婦の幸福感

伊藤裕子

# 1　結婚のメリット・ディメリット

## 1●結婚をめぐる状況の変化

かつての日本は「皆婚社会」といわれるほど結婚することがあたり前でした。生涯未婚率（50歳までに一度も結婚したことがない人の割合）がわずか数％だったのです。それが今や国勢調査（２０１０年）によれば、生涯未婚率は男性で二割、女性でも一割に達しています。晩婚化はいわれて久しく、30代前半の男性では二人に一人、女性でも三人に一人が未婚です。

結婚することのメリットが確実に薄れてきていると考えられます。戦後、都市に流入した未婚の若者にとって、結婚することで女性には生活の糧を、男性には身の回りの世話を保障したのでした。少なくとも日本の産業構造が大きく変わる１９７０年代まではそうでした。しかし、第三次産業従事者が増大し、女性の社会進出がいわれ、また、さまざまなサービス産業の外部化が進むことによって、結婚という手段によらなくても、収入面でも生活面でもなんとか暮らしていける状況が生まれました。さらに、性に対する規範や結婚と性の結びつきも、昔では考えられないくらい緩くなりました。

実際、30～34歳層の独身男性では、「結婚することに利点がある」と考える者は調査の回を追うごとに減り続け、他方、「独身生活に利点がある」と考える者は、男女とも、どの年齢段階でも、割合として前者を上回っています（国立社会保障・人口問題研究所〔以下、人口研と略〕　２０１２）。

この調査によると、結婚することの利点として一番多いのが、男女とも「子どもや家族をもてる」で、調査の回を追うごとに上昇しています。次いで多いのが「精神的安らぎの場が得られる」で、男性では前回まで終始一貫してこれが最大の理由でした。かつて男性に多かった「社会的信用が得られる」は、今日では低下の一途をたどり、一方、女性では「経済的余裕がもてる」は急上昇しています。これは昨今の不況により、結婚して経済的に安定したいという女性の願望の現れと解釈できます。一方、独身生活の利点として、男女とも他の理由を圧倒して「行動や生き方が自由」であることをあげています。つまり結婚することで子どもや家族をもち、精神的安寧を得る代わりに、これまでの行動や生き方の自由が制限される、と多くの未婚男女は考えているようです。

晩婚化は進んでいるものの未婚化の進展ではないとして、「いずれ結婚するつもり」と回答している者が九割前後で推移していることを同調査は理由にあげていますが（人口研　２０１２）、20代後半をピークにこの回答は下がり続けており、やはり結婚意思の減退は疑いようがないでしょう。

## 2 恋人をほしいと思わない若者

昨今、何事にも淡白な若い男性を指して「草食系男子」と呼び、揶揄と危惧の両面から話題にされています。かつてなら性的な関係は表向きには結婚によって公認されるものでしたが、今では結婚を前提としなくても、「好き／愛している」なら多くの場合、両者の合意によって性的な関係をもつことができます。だから恋人のいない若者は「恋人がほしい」と思うのは当然だと思われていました。ところがいくつかの調査によると、近年一定程度（二割前後）の割合で「恋人をほしいと思わない」若者が存在することが指摘されています（高坂　２０１１、日本性教育協会　２００１）。このような若者について巷間に流布しているイメージは、相手の意向にかまうことの面倒さから、生身の恋人より、架空のマンガや映像に萌えるのだといわれています。

「恋人をほしいと思わない」若者の理由で最も多いのが、現状満足や恋愛価値の低さなど「現状維持の希求」ですが、連絡をとりあうのが面倒だったり（「否定的イメージ」）、自分のことで手いっぱい、あるいはやりたいことの優先（「自己の志向優先」）や「親密な関係の回避」など、どれも身近にいる若者から想像される理由として「そうだろうな」と思われるものばかりです。いずれも恋人がいることによって生じるディメリットと恋愛に対する意欲の低さや、人と深いかかわりをもつことを避ける傾向が強調された理由です。恋人がいる者や恋人をほしいと思う者に比べ、これらの若者に特徴的なのは自己（アイデンティティ）の確立が低く、個人主義的傾向が強いというものでした（高坂　２０１１）。

## 3 結婚による恩恵

結婚の利点として、男女とも自分たちの家庭をもち、精神的安らぎを得る場がもてるということがあげられていましたが、ケア（世話）の授受に関しては、次章でみるように男女で著しく非対照的です。つまりケアを提供するのは妻である女性で、そのケアを受けるのは子どもおよび夫である男性です。ここでいうケアは、単に身の回りの世話というレベルにとどまらず、精神的・情緒的な支え（サポート）も含んでいます。

そのため図１-１にみるように、配偶者のいない（無配偶）の男性はどの年代でも配偶者のいる（有配偶）男性に比べ、精神的健康（抑うつ）がかなり悪く、一方、女性ではどちらもあまり変わりません。同じ全国調査によるデータで結婚満足度や配偶者からのサポートをみても、やはり一貫して男性のほうが結婚満足度は高く、配偶者から受けるサポートも男性のほうが高く評価しています（稲葉　２００３、２００４）。さらに配偶者に対する愛情も女性に比べて男性のほうが高いのです（伊藤・相良　２０１２ｂ、菅原・詫摩　１９９７）。これは一見すると奇妙なことに思えるかもしれませんが、こう考えると納得できます。つまり男性のほうが結婚に対する期待が低いのです。機能的関与といい、人格的なかかわりを相手にさほど求めず、快適な生活が維持できればそれでよしとするかかわり方で、女性のように結婚に高い期待をしていないのです。だから結婚生活への満足度も高く、サポートを多く受領しているので愛情も高い、ということになります。結婚から恩恵を受けているのは男性のほうなのです。

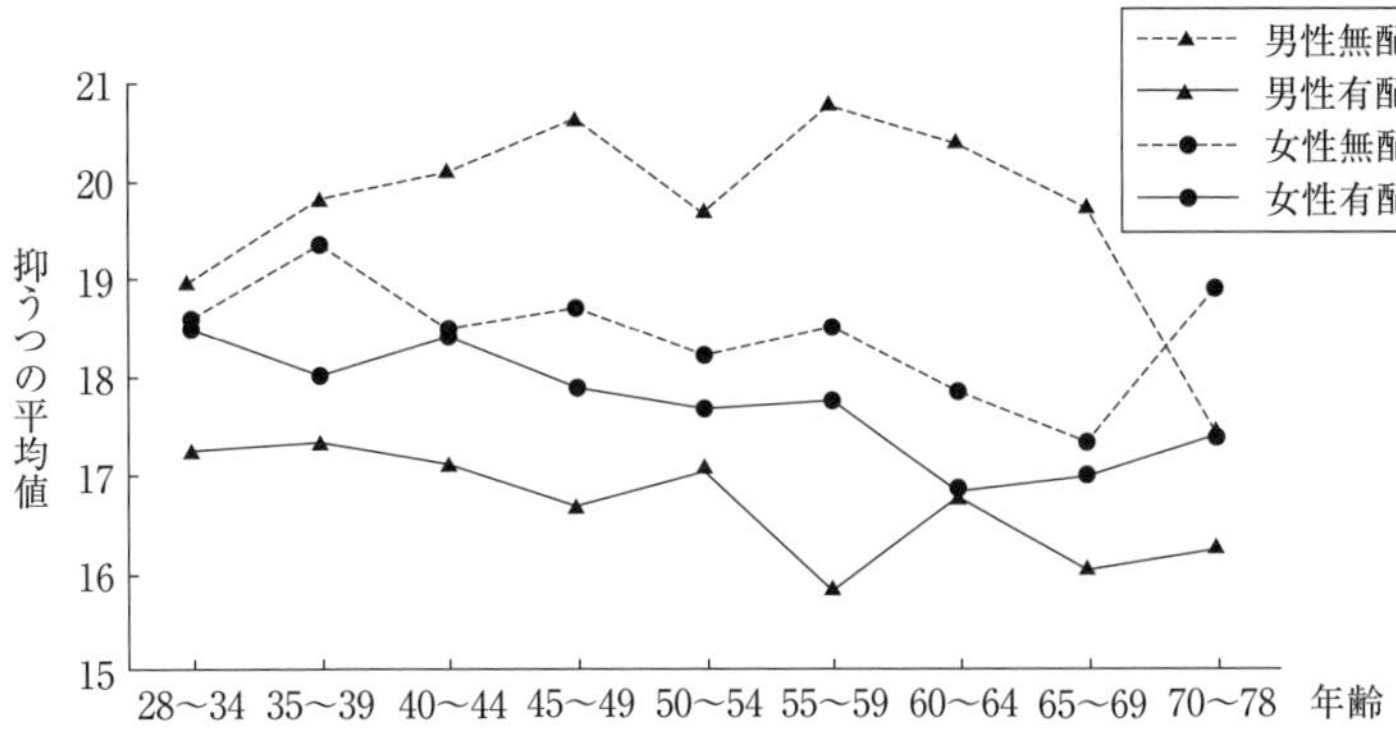


図１-１　性別・年齢別・配偶関係別にみた精神的健康（抑うつ）
（稲葉，2003）

# ２　子育てと夫婦の幸せ

## １●子どもをもつと夫婦に何が起こるか

晩婚化に伴って晩産化が進み、今や生まれる子どもの３人に２人は母親が30代以上です（厚生労働省　２０１２ａ）。合計特殊出生率は幾分持ち直し、１・41にまで上向きましたが、人口を維持する２・１にはほど遠い数字です。しかし、夫婦がほしいと思っている子どもの数は常に２人を上回り（人口研　２０１２）、ほしいけれどもてない／もたない状況が続いています。何がそうさせるのでしょう。

何事もカップル単位のアメリカでは、子どもが生まれることで妻と夫のそれまでの関係が崩れ、妻が子どもの世話を焼いたり多くのエネルギーを子どもに注ぐことで、夫が疎外感を抱き、カップルの関係が悪化するという報告があります（ベルスキーとケリー　１９９５）。

一方、日本では子どもが生まれたとたん妻は母親と化し、大半のエネルギーを母親役割に注ぐことを夫も周囲も容認し、かつ期待します。そのことが「三歳児神話」を生む土壌になっています。実際、子どもを産み育てるために働く女性の大半（六割）は退職し、また、働き続ける場合も、育児休業を取るのはほとんど女性です。男性の育児休業取得率の低さは、生計を維持していることに対する休業補償の低さに由来するというより、周囲の目や職場でのポジションへの影響を恐れ、二の足をふむというのが実状です。

その結果、日本では3歳未満の子どもを日中養育しているのはほとんどが母親ということになります。

母親の「育児不安」がいわれ始めたのは１９８０年代初頭で、その後さまざまなところから注目を集めました。これに対して国は少子化対策の一環として、孤立して子育てしがちな母親へのサポートとして、１９９０年代後半以降、「子育て支援事業」などの施策を矢継ぎ早に打ち出しました。「結婚すれば女は家庭に入るのがあたり前」と考える世代からは、当初「わがままだ、ひ弱だ」と非難を浴びましたが、当の女性が味わう焦燥感には、（仕事と違って）子どもは思うようにならない・成果が出ない、自分が世の中から取り残されていく、という思いが根底にありました。今でも状況はさほど変わっていないでしょう。男女平等の戦後教育を受け、勉強や仕事で達成を志向してきた女性たちの、それが「現実」だったのです。

このことを端的に表す調査結果があります。一般に、結婚当初から10年までの結婚満足度は、結婚年数の経過とともに緩やかに低下していきます。しかし、子どもがいる場合といない場合では様相を異にします。子どもがいない場合は男女ともわずかな低下ですが、子どもがいる場合、夫では変化がなく、妻のみ著しく低下するのです（稲葉　２００４）。妻にとって夫の子育ておよび家庭への関与の少なさが、結婚満足度の著しい低下を招くのだと考えられます。

## 2　日本の夫の家庭関与の少なさ

晩婚化が進み晩産化が進むと、子育て期が30代から40代前半頃となり、男性の多くは会社で中堅として最も多忙を極める時期と重なります。育児期の夫婦の家事・育児・仕事時間の各国比較をみると、日本の男性の仕事時間が飛び抜けて長く、反対に家事・育児時間が極端に少ないこと（1時間未満）がわかっています。ちなみに、ドイツやスウェーデンでは夫の家事・育児時間は3・5時間以上あるのです（内閣府　2007）。子どもの食事の世話のような家事的世話をする人は、日本では主に母親（86%）ですが、スウェーデンでは主に母親、次いで両方で、主に父親も16%を占め、この10年で母親が減り、両方ないし父親が増加しています（国立女性教育会館　2006）。

日本では、子育て期の夫が家事や育児にたずさわることが少ないのは、仕事時間が多いことが一因ですが、やはり「夫は仕事、妻は家事・育児」という性別分業観が根強いからだと考えられます。それは妻がフルタイムで働いていてもあまり変わらないのです。図1-2は、個人の時間やエネルギーを10としたとき、「仕事・家庭・その他」にどう振り分けるかを尋ねたもので、そのうち家庭に振り分けられた割合を示したものです（伊藤ほか　2006b）。妻の就業形態によって妻の家庭関与度が変化するのは当然ですが、その夫の家庭関与度に違いはそれほどありませんでした。つまり、専業主婦の夫も、フルタイムで働いている妻の夫も、家庭にかかわる時間やエネルギーに違いはないのです。これは主観的な評価だけでなく、末子が未就学の夫婦の生活時間調査でも同様の結果でした（総務省統計局　2007）。

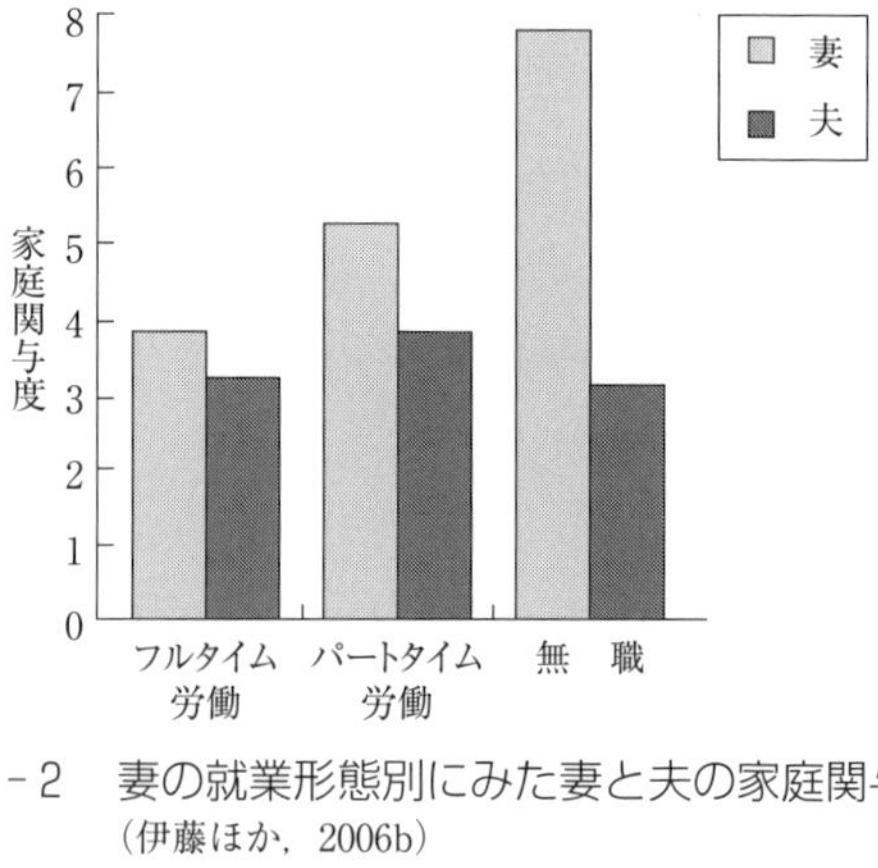


図1-2　妻の就業形態別にみた妻と夫の家庭関与度
（伊藤ほか，2006b）

そこで子育て期の妻と夫をペアにして、夫（妻）の家事負担が増えたり仕事負担が増えると、本人とその配偶者の夫婦関係満足度や精神的健康にどう影響するかを、妻の就業形態（フルタイム／パートタイム

／無職）によって影響の仕方に違いがあるかをみてみました（伊藤ほか　２００６ｂ）。その結果、妻が就業している夫婦では、夫の家庭関与度の高さが夫の夫婦関係満足度を高め、同時に妻の夫婦関係満足度も高めます。逆にいえば、妻が働いている場合、夫の家庭関与度が低いと妻の夫婦関係満足度が低くなるのみならず、夫自身の夫婦関係満足度も大きく低下するのです。ちなみに、妻が無職の場合は、夫の家庭関与度はどこにも影響しません。

一方、精神的健康（主観的幸福感）に最も強く影響するのは、夫では仕事満足感、妻では働いていてもいなくても夫婦関係満足度でした。しかし、働いている妻をもつ夫では、仕事満足感に次いで夫婦関係満足度が精神的健康を左右しますが、専業主婦をもつ夫では夫婦関係満足度は精神的健康にあまり影響しません。反対に当の妻では、夫婦関係満足度が精神的健康を大きく左右します。子育て期の妻が無業の夫婦では、「夫は仕事、妻は家庭」という形で完全に棲み分け、このように幸福感の源泉も妻と夫ではまったく別でした。

子育て期に夫が子育てや家庭に関与しないことが、先にみたこの時期における妻の結婚満足度の低下を生み（稲葉　２００４）、そのことはまた、子どもが高校生・大学生となり、手がかからなくなる中年期になってもまだ、夫の子育てへの関心・関与の薄さは妻の夫婦関係満足度の低さと関係しているのです（伊藤ほか　２００３）。いわば、それまでの夫婦の「歴史」――妻からすれば、子育てで一番たいへんだった時期に、夫は仕事の多忙さを理由に家庭を顧みなかったという思い――がそうさせるのでしょう。

# 3　仕事が結婚生活に及ぼす影響

## 1　ワークライフバランス

ワークライフバランス（仕事と家庭の調和）という言葉が使われ始めたのはごく最近で、日本では男女共同参画の文脈の中で、女性の就業上の地位保全、育児休業の保障・延長など女性の働き方への配慮だけでなく、男性の働き方（長時間労働による過労死やうつ病の増大など）を再考する必要から指摘されるようになったといえます。それだけでなく、少子化に伴う労働力人口を補う意味で女性の能力を有効活用し、そのためにこれまでの男性を中心とした硬直した働き方からより柔軟な働き方へ、いわば働く側の要請と労働政策上の必要から生まれた動きだったのです。

女性の就業と出生率の関係は、とくに先進国において大きな関心事でした。ＯＥＣＤ諸国において、少なくとも１９８０年代以前は、女性の労働力率と合計特殊出生率（一人の女性が生涯に産む子ども数）の関係は反比例していました。しかし、１９９０年代以降、女性の労働力率が高い国ほど出生率も高くなるという関係が生じてきました（山口　２００９）。もちろんそこには性別分業観の変化、「男は仕事、女は家庭」から「男も女も仕事と家庭」、すなわち、ワークライフバランスの実現に向けた取り組みが加盟各国でみられました。

このような政策的な取り組みの一方、夫婦が第二子をもつか否かは個々の家庭における夫の家事・育児への参加状況によるといわれています。夫の家事・育児への参加状況の高さが、第二子以降の出生状況に見事に反映しているのです（第2章33頁図2-9参照）。そして、子どもの出生にプラスに作用するのは、第一子では企業の子育てと仕事の両立支援体制の充実度、第二子では夫の子育てへの関与の程度、第三子では教育費等子育てにかかわる経済的要因だといいます（山口　２００９）。

しかし、男女とも「仕事も家庭も」となったとき、ではどうやって仕事を調整し、家庭内での夫婦の役割分担を見直すのかが課題になってきます。

## 2●職業生活が夫婦関係と精神的健康に及ぼす影響

「新性別役割分業」という新たな事態が生じています。「男は仕事、女は家庭」という旧来の性別役割分業から、「男は仕事、女は家庭と仕事」というような多重役割が問題になっているのです。新性別役割分業に象徴されるように、女性にとって家庭役割が軽減されないまま職業役割をもち続けることになり、そのことで役割過重や役割間葛藤が生じ、抑うつや不安、身体的不調を生むことにつながっていくのです。

前節で、子育て期の夫婦におけるとくに夫の家庭関与が、夫やその妻の夫婦関係満足度に及ぼす影響をみました。そこでは夫の家庭関与が高（低）いと、夫自身の夫婦関係満足度だけでなく、妻の夫婦関係満足度を高（低）め、そのことがそれぞれの精神的健康を高（低）めることにつながるというものでした（伊藤ほか　２００６ｂ）。ただし、この関係は働いている妻とその夫だけで、妻が無職の場合は、夫の家庭関与の影響はありませんでした。

一般に、仕事上のストレスが増大すると精神的健康に悪影響を及ぼすことはよく知られていますが、では、仕事への関与の程度は夫婦関係にどのような影響を及ぼすのでしょうか。中年期の夫婦の場合、妻の仕事関与の程度が増えると妻の夫婦関係満足度が低下し、それによって精神的健康に悪影響を及ぼすことが明らかにされています。さらに、夫のあり方も妻に影響し、夫の仕事関与の程度が高まると妻の精神的健康が影響を受け悪化します（伊藤ほか　２００６ａ）。

　このように影響は本人にとどまらず、その配偶者にもクロスオーバーな影響を及ぼすことが報告されています。たとえば、夫の仕事から家庭への負のあふれ出しは妻のストレスを増大させ（Tingey et al. 1996）、夫の職場での役割過重はその日の家庭での妻の役割過重を引き起こしますが、妻の役割過重は夫に影響しません（Bolger et al. 1989）。しかし、こうして報告されている仕事のあふれ出しに関する配偶者への影響のほとんどは夫から妻への影響です。なぜ、そうなるのかということについて、職場で役割過重を経験した夫はその日の家庭での家事・育児の参加を低め、その分を妻が代替しますが、妻の職場での役割過重によるその日の家庭役割の縮小は、夫によって代替されるのではなく、妻によって後日処理されるため、多くの場合、夫は妻の職場での役割過重の影響を受けないのだと考えられます（稲葉　２００２）。実際、子育て期の夫婦において、夫の仕事関与の程度の増大は夫の家庭関与の減少を招きますが、妻では仕事関与の程度が増えても家庭関与の減少は生じません（伊藤ほか　２００６ｂ）。こうした状況が女性における多重役割や役割過重の問題を生じさせるのです。

　では、夫は妻の就業から影響を被らないのでしょうか。先にみたように、子育て期・中年期とも、妻が働いているか否か、また働き方の違いによって、夫では仕事関与の程度をはじめ、夫婦関係満足度や精神的健康に違いはみられませんでした（伊藤ほか　２００６ａ、２００６ｂ）。このことから、夫は妻の就業形態そのものによっては影響を受けないのだといえます。

　しかし、専業主婦より有職女性のほうが数の上でまさる今日はともかく、少し前まで、働いている妻をもつ夫は「甲斐性がない」と揶揄されてきました。そこには「一家を（経済的に）支えるのは夫である男の務め」という性別分業観が根強くあったからです。そのため妻の就業を夫がどう考え受け止めるかによって、夫に及ぼす影響が異なってくると考えられます。実際、妻の就業に不賛成な夫は、妻が就業しているという現実によって、一家の稼ぎ手としての役割を果たしていないという不適応感をもったり（Simon, 1995）、夫自身が稼ぎ手として不十分と感じている場合、うつ傾向や夫婦関係の葛藤が強い（Crowley, 1998）という知見が出ています。

わが国でも同様の結果が得られています。妻の就業に対する夫の考え方や性役割観が夫婦関係の現実と矛盾していると、妻がパート労働の夫では、給料など自分の職場の処遇に対する不満が高じて精神的健康を悪化させたり、妻がフルタイム労働の夫では、妻の働き方を肯定できない夫の場合、「男は仕事、女は家庭」という性別分業観そのものが精神的健康に負の影響を及ぼすのです（Sagara et al., 2006）。妻が自分の「働き方を理解」してくれることが夫にとって結婚満足度の重要な源泉ですが（生命保険文化センター　１９９５）、妻の「働き方を（夫が）理解」することが、女性にとっての理想であるだけでなく、男性自身の精神的健康にとってこれからは重要になってくるでしょう。

## 3 退職した夫と妻の幸せ

かつて、退職後にすることがなく、外出する妻にまといつく夫を指して「濡れ落ち葉」だの「ワシも族」と男性たちの所在のなさが揶揄されていましたが、今や現実に団塊世代が退職し、大量の退職世代が生まれています。では、「企業戦士」として働いた夫たちは、退職を経て妻とどのように過ごしているのでしょうか。

退職を境に夫婦関係にどのような違いがみられるか明らかにした研究をみると（伊藤・相良　２０１２ａ）、物理的な時間が増えたことで夫婦の会話時間が増え、夫の家事分担も増え、買い物や外食、旅行など夫婦でともに行う共同活動も増加しました。そして家事分担を除くそれらの時間や頻度が多いほど、妻も夫も夫婦関係満足度が高くなるのです。つまり退職することで夫の側に物理的にも心理的にも余裕が生まれ、会話や活動など夫婦の共行動が夫婦関係満足度を高めるといえるでしょう。ただし、夫の家事分担だけは夫婦関係満足度に寄与しませんでした。

全国家族調査によれば、夫の家事参加が結婚満足度に関連するのは女性のみで、それもライフステージが上がるほど関連の程度は低下します。一方、男性で関連がみられたのは高齢期のみで、女性とは逆に、家事参加の増大は結婚満足度を低下させていました（木下　２００４）。定年退職後の夫婦関係の再構築の象徴として夫の家事参加がさかんにいわれますが、実際に妻の家事負担を減らすということはなく（伊藤ほか　２００９）、夫が家庭にかかわろうとする態度に対して、それを妻がどうみるかが結婚満足度につながるのだと考えられます。

一方、退職後に増えた夫婦の共行動が夫婦関係満足度を高め、それによって精神的健康（主観的幸福感）が高まるのであれば、仕事という源泉を失くした男性にとって、退職後こそ夫婦関係が重要になってくるといえましょう。しかし、結論からいうと、仕事から離れた男性の精神的健康の源泉は夫婦関係満足度にはないということです（伊藤・相良　２０１２ａ）。図1-3にみるように、主観的幸福感はとくに男性で60代に大きく上昇します。俗に「退職うつ」といわれることとは裏腹に、仕事からの解放が幸福感を押し上げていると考えられます。このような変化に、妻では夫婦関係満足度が精神的健康の最大の源泉であるのに対し、夫では夫婦関係満足度がまったく関係しません。効いているのは収入満足度と健康です。

健康はこの世代になれば大きな関心事であるのは当然で、女性でも同様に強く関連しています。けれども男性は女性と異なり、退職してもなお現役時代の「地位と栄光」の反映である収入（預貯金および年金）に対する満足が主観的幸福感の源泉なのです。男性は退職したことで（結婚）生活の形態は変化しますが、妻との関係のあり方が精神的健康を左右するのではないようです。

## おわりに

日本の社会には今でも根強い性別分業意識が残り、このことが雇用の不安定な今日、若い人たちの結婚難（家族を養える収入を得るまでは結婚できない）や晩婚化（いい条件の人が現れるまで待つ）の一因にもなっています。また、結婚しても、多くの女性が「子育ては女性の仕事」として、自らあるいは周囲からの圧力に押されて退職を余儀なくされます。そして女性が仕事をやめ、家庭に入ることによってますます「家事・育児は女の仕事」という風潮ができ、このスパイラルは続きます。その結果、夫婦がまったく別の世界で生きることになるのです。「亭主元気で留守がいい！」という標語は、日本の夫婦の実相を的確に言いあてていますが、懸命に働いてきた男性にとってはもちろん、夫との関係をつくろうと格闘した結果の諦めとして言い放つ女性の側の言葉としても、何とももののさみしい響きをもつものです。

終身雇用が絵に描いた餅でしかなく、また年功序列が崩れた今日の社会において、「男は仕事、女は家事・育児」という性別分業は高度経済成長期（第一次産業から第三次産業へ移行する時期）のあだ花でし

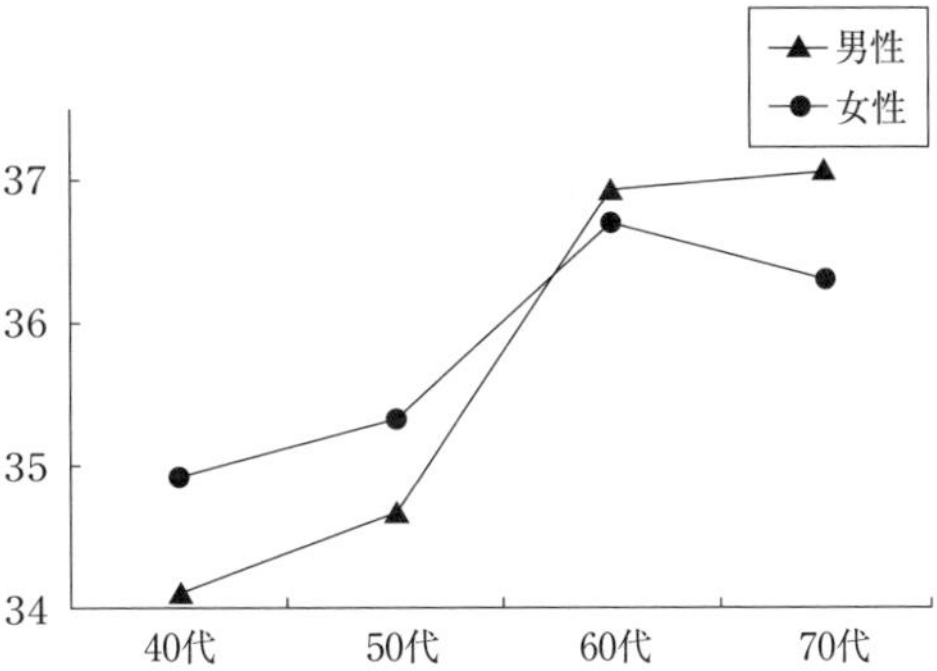

図１－３　主観的幸福観（伊藤ほか, 2009）

かありません。なぜなら、女性のM字型就労の谷の部分が最も低下したのは１９７０年代であり、また女性が専業主婦化したのもこの時代だといわれています。

にもかかわらず、多くの日本人はいまだにその幻影から逃れられないでいます。男女共同参画や女性の社会参加は、理想としての「あるべき姿」なのではなく、大きく変わろうとしているこの21世紀において、個人が、また家族が生き延びていくための姿であるのです。

## 引用文献


Bolger, N., DeLongis, A., Kessler, R. C. & Wethington, E. 1989 The contagion of stress across multiple roles. *Journal of Marriage and the Family*, **51**, 175–183.

ベルスキー、J&ケリー、J／安次嶺佳子（訳）　１９９５　子供をもつと夫婦に何が起こるか　草思社

Crowley, M. S. 1998 Men's self-perceived adequacy as the family breadwinner: Implications for their psychological, marital, and work-family well-being. *Journal of Family and Economic Issues*, **19**, 7–23.

稲葉昭英　２００２　家族と職業へのストレス論的アプローチ　石原邦雄（編）家族と職業——競合と調整　ミネルヴァ書房　107–132頁

稲葉昭英　２００３　結婚・再婚とメンタルヘルス　ケース研究　276号　3–23頁

稲葉昭英　２００４　夫婦関係の発達的変化　渡辺秀樹・稲葉昭英・嶋崎尚子（編）現代家族の構造と変容——全国家族調査［NFRJ98］による計量分析　東京大学出版会　261–276頁

伊藤裕子・池田政子・相良順子　２００３　職業生活と家庭生活が夫婦の心理的健康に及ぼす影響——ジェンダー・ギャップの視点から　平成13—14年度科学研究費補助金研究成果報告書

伊藤裕子・相良順子　２０１２ａ　定年後の夫婦関係と心理的健康との関連——現役世代との比較から　家族心理学研究

**26**　1-12頁
伊藤裕子・相良順子　2012b　愛情尺度の作成と信頼性・妥当性の検討――中高年期夫婦を対象に　心理学研究　**83**　211-216頁
伊藤裕子・相良順子・池田政子　2006a　職業生活が中年期夫婦の関係満足度と主観的幸福感に及ぼす影響――妻の就業形態別にみたクロスオーバーの検討　発達心理学研究　**17**　62-72頁
伊藤裕子・相良順子・池田政子　2006b　多重役割に従事する子育て期夫婦の関係満足度と心理的健康――妻の就業形態による比較　聖徳大学研究紀要（人文学）　**17**　33-40頁
伊藤裕子・下仲順子・相良順子　2009　中高年期における夫婦の関係と心理的健康――世代比較を中心に　文京学院大学総合研究所紀要　**10**　191-204頁
木下栄二　2004　結婚満足度を規定するもの　渡辺秀樹・稲葉昭英・嶋崎尚子（編）　現代家族の構造と変容――全国家族調査［NFRJ98］による計量分析　東京大学出版会　277-291頁
国立女性教育会館（編）　2006　平成16年度・17年度家庭教育に関する国際比較調査報告書
国立社会保障・人口問題研究所（編）　2012　わが国独身層の結婚観と家族観――第14回出生動向基本調査　厚生統計協会
高坂康雅　2011　〝恋人を欲しいと思わない青年〟の心理的特徴の検討　青年心理学研究　**23**　147-158頁
厚生労働省　2012a　人口動態統計調査
厚生労働省　2012b　第9回21世紀成年者縦断調査
内閣府　2007　男女共同参画白書　平成19年版
日本性教育協会（編）　2001　「若者の性」白書――第5回青少年の性行動全国調査報告　小学館
Sagara, J., Ito, Y. & Ikeda, M. 2006 Gender-role attitude and psychological well-being of middle-aged men: Focusing on employment patterns of their wives. *Japanese Psychological Research*, **48**, 17-26.

生命保険文化センター　１９９５　夫婦の生活意識に関する調査　生命保険文化センター

Simon, R. W. 1995 Gender, multiple roles, role meaning, and mental health. *Journal of Health and Social Behavior*, **36**, 182-194.

総務省統計局　２００７　平成18年度社会生活基本調査

菅原ますみ・詫摩紀子　１９９７　夫婦間の親密性の評価——自記入式夫婦関係尺度について　精神科診断学　**8**　155-166頁

Tingey, H., Kiger, G. & Riley, P. J. 1996 Juggling multiple roles: Perceptions of working mothers. *The Social Science Journal*, **33**, 183-191.

山口一男　２００９　ワークライフバランス——実証と政策提言　日本経済新聞出版社

# 第2章

# 夫婦間コミュニケーションとケアの授受

――柏木惠子

# はじめに

晩婚化が進み非婚の人も増加傾向にあります。他方、かつては少なかった中高年離婚が増加しています。結婚がなににおいても歓迎すべきものではなくなった、つまり結婚の価値は低下したのです。かつては男性には家事を切り盛りする人が必要、女性には稼ぎ手が必要でしたが、家電の普及、外食産業をはじめ家事の外部化、女性も職業をもって稼げる（労働力の女性化）などの社会の変化が、男女それぞれの結婚の道具的価値を低下させたのです。しかし未婚者たちは、いずれ結婚したい、そうすれば「心理的安定」を得られると期待しています。道具的価値に代わって心理的価値が浮上したのです。

この変化は結婚が見合いから恋愛結婚へ移行したこととも連動しています。恋愛は学校や職場で直接知り合い、友だちとして出発します。そうなると、二人の年齢や学歴の差は縮小し、さらに学歴や職業などの条件以上に、本人の性格や能力などが重要となります。とりわけ「話が合う」「相手の話は納得できる」「よく聴いてくれ、わかってくれる」など、コミュニケーションの魅力が最大のポイントになります。恋愛とは、コミュニケーションによる相互理解と支援を核とする連帯です。この「相互にわかり合える」ことが、人々が結

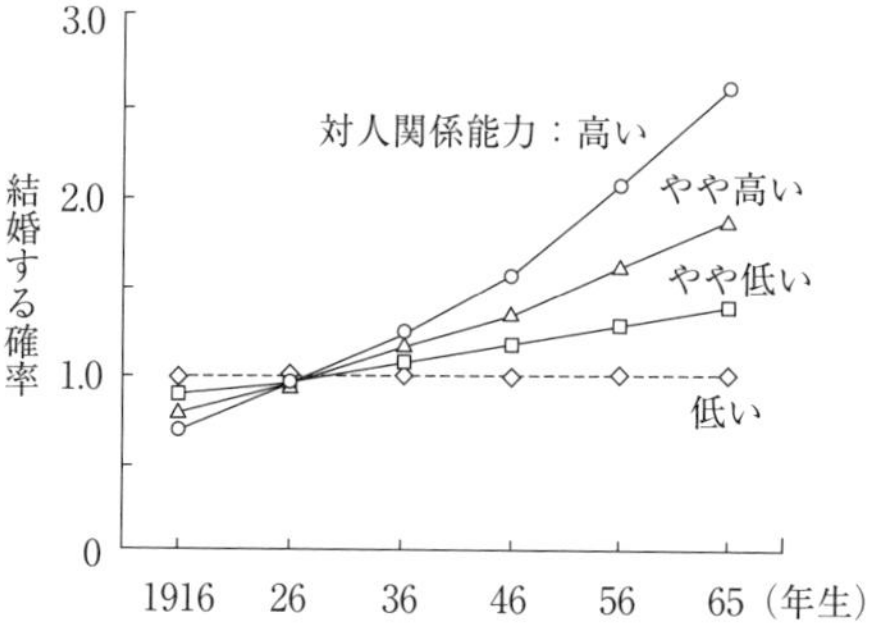


図２－１　対人関係能力と結婚する確率（出生年別）
（中村，2008）

近年ほど，対人関係能力が高いと結婚する確率が高くなる。

婚に求める「心理的安定」につながるのです。

こうした事情から、コミュニケーション能力を含む対人関係能力が最近、結婚の成否を決める重要な条件となっています。かつては、学歴、職位、収入、家柄など外的条件が絶対重要とされ、口ベタでも非社交的でも、内気なのだと許容され、男は軽々しいおしゃべりはダメ、それよりも将来性があることが大切だなどと、対人関係能力は論外とされていたのでした。図2-1は、今や対人関係能力の程度が結婚確率を左右している事情を端的に示しています。

# 1　夫婦間コミュニケーション

## 1● 夫と妻は対等で共感的なコミュニケーションをしているか?

では、現実の夫婦はどのようでしょうか? これについては第1章でみましたが、要は、夫は心理的安定が得られ結婚満足度も高いのですが、妻はいずれも低いという実態です。この背景には、「相互にわかり合える」コミュニケーションが夫妻間でうまくいっていないのでは、と疑われます。このような問題意識に基づいて、中高年夫婦のコミュニケーションの実態が詳しく研究されています。

団塊世代夫婦と面接して夫婦の日常会話についての語りを分析した研究（難波　1999）によりますと、妻は「私の意見もいい、相手（夫）も意見をいい、どうしたらいいか突っ込んだ話し合い」をすることを望んでいます。ところが夫は「じっくり相手の話に耳を傾ける」ことがなく、都合が悪くなったり気にいらなければ「怒る」「席を立つ」「黙る」など、一方的に会話を中断する態度が顕著なのです（難波　1999）。同様のことは、夫と妻双方に自分の相手へのコミュニケーションを自己申告してもらった研究でも認められています（平山・柏木　2001、図2-2）。

相手の悩みに耳を傾け共感的に対応する態度〈共感〉が夫妻どちらでも最高で、さすが夫婦と思わされます。しかし、その他の態度、とりわけ相手の話を無視し、対話を回避する〈無視・回避〉や、命令口調や威圧など対等に対話する態度を欠いた〈威圧〉など、否定的なコミュニケーションスタイルは夫で断然多いのです。このような夫に妻は抗議することなく、諦めて不満を鬱積させています。

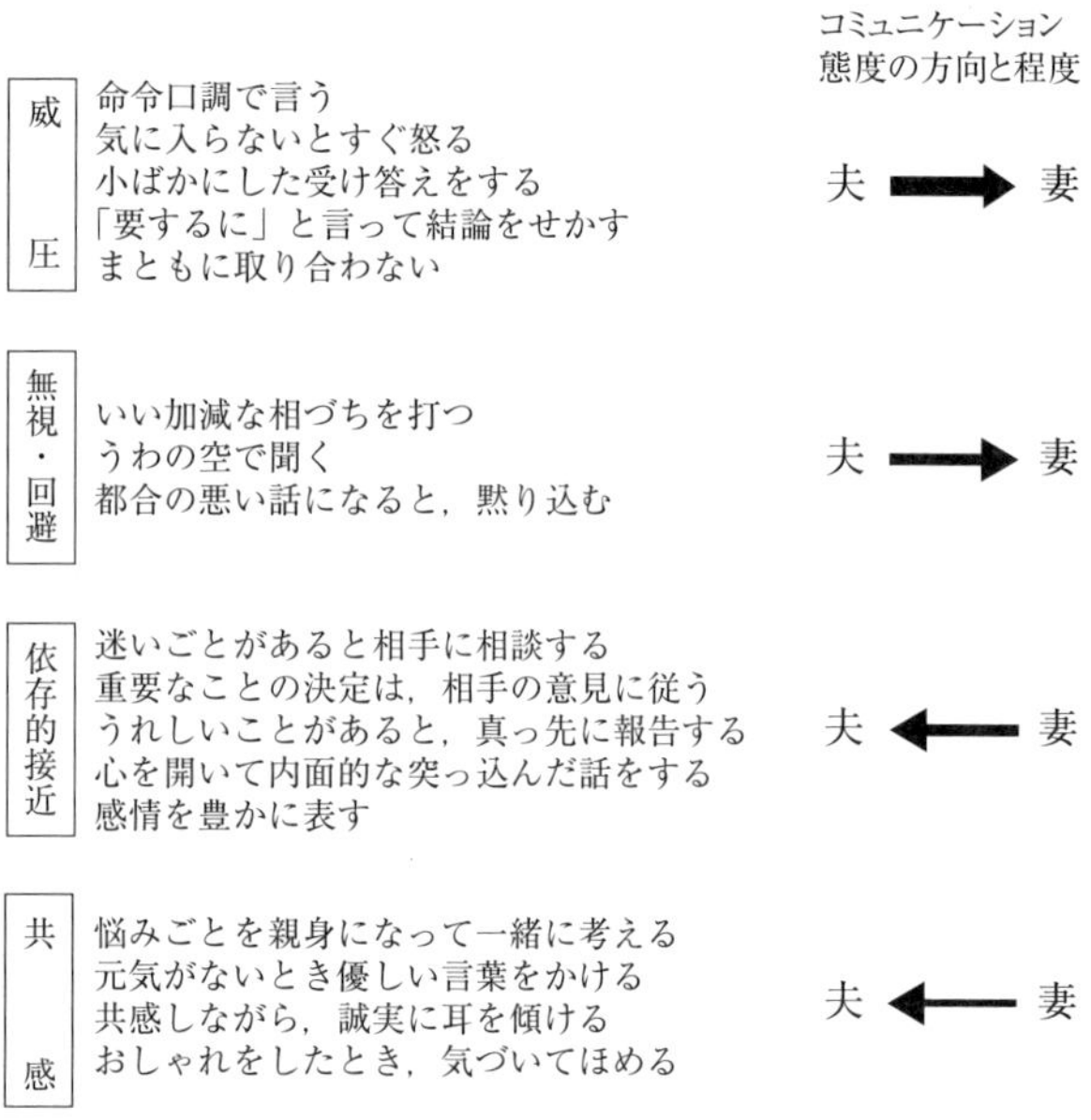

| 威圧 | 命令口調で言う<br>気に入らないとすぐ怒る<br>小ばかにした受け答えをする<br>「要するに」と言って結論をせかす<br>まともに取り合わない | 夫 → 妻 |
| --- | --- | --- |
| 無視・回避 | いい加減な相づちを打つ<br>うわの空で聞く<br>都合の悪い話になると、黙り込む | 夫 → 妻 |
| 依存的接近 | 迷いごとがあると相手に相談する<br>重要なことの決定は、相手の意見に従う<br>うれしいことがあると、真っ先に報告する<br>心を開いて内面的な突っ込んだ話をする<br>感情を豊かに表す | 夫 ← 妻 |
| 共感 | 悩みごとを親身になって一緒に考える<br>元気がないとき優しい言葉をかける<br>共感しながら、誠実に耳を傾ける<br>おしゃれをしたとき、気づいてほめる | 夫 ← 妻 |

図2-2　夫婦間コミュニケーションの4特徴（方向と強さ）
（平山・柏木，2001）

矢印の太さは夫と妻の差を示し，矢印の方向は強いほうから弱いほうへ，を示す。

## 2●なぜ夫と妻に対等で共感的なコミュニケーションが不在なのか？

『話を聞かない男、地図が読めない女——男脳・女脳が「謎」を解く』という翻訳書（ピーズとピーズ　２００２）がありますが、日本の夫はまさに話を聞かない男です。誰よりも話が合う、わかり合えると対等な相互共感を期待できると思って結婚した夫婦が、どうしてこのようなずれ——夫上位妻下位——の関係になってしまうのでしょうか。

理由の一つは、夫と妻の上下関係をよしとするジェンダー規範です。『話を聞かない男、地図が読めない女——男脳・女脳が「謎」を解く』の著者は男女では脳の構造が違う、それは進化の結果だから仕方がないといいますが、そうではありません。脳の構造に男女差があることは確かですが、それがそのまま男女の行動に差をもたらすものではありません。コミュニケーションでの男女差は夫婦間にかぎらず、広くみられます。男女の会話を分析しますと、話題を提供したり変えたり相手の話に割り込んだりするのは男性で、女性は同意したり補足したりするなどサブの役割をとる傾向が認められています。『ことばは男が支配する——言語と性差』という本（スペンダー　１９８７）のタイトルどおりです。日本では夫婦間呼称にも夫上位妻下位の関係が顕著です。夫は妻を呼びつけにして「お前」といい、妻は「——さん」、あなたと呼ぶのは日本では通例です。妻が夫を「主人」と呼ぶのはその最たる形です。

このような夫上位妻下位という非対称関係は、男性は強くリードする、女性はやさしく従順に、という男女のジェンダー規範がベースになっており、それが会話時の態度にも呼称にも反映されているのです。

## 3　妻の経済力／社会的活動の評価が、夫を対等で共感的態度にする基盤

その非対称の関係は、妻は無職無収入で夫が経済力を一手にもっている場合に顕著で、妻が夫と同等の経済力をもっている場合、夫の共感的態度は強いのです（図2-3）。

金がものをいうのか！　と憤慨されるかもしれませんが、事実なのです。夫は無職の妻に向かって「誰に食わせてもらっているのか！」と威嚇し支配する言葉を投げかけると聞きますが、まさに金にものをいわせているといえましょう。妻の収入が自分と匹敵する場合、夫の共感的態度が強まっていますが、それは単に妻の稼ぎそのものがものをいっているのではありません。データを詳しく分析しますと、高い経済力を生み出している妻の社会的活動や努力／能力を夫が認めてのこと、つまり夫が妻を人格的能力的に評価していることが妻への態度を変え、対等で共感的態度をとらせているのです。

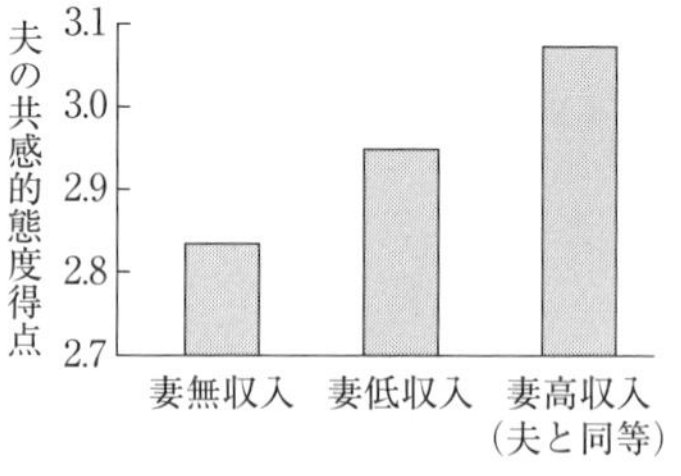


図2-3　妻の収入別にみた，夫の共感的態度（平山・柏木，2001）

## 4　生活体験の分離が夫婦のコミュニケーションを断絶させる

コミュニケーション能力は、生活している場で必要かつ重要なスタイルを身につける学習の産物です。一般に夫は仕事、職場が生活の場です。そこでは簡潔、理論、抽象を特徴とするコミュニケーションが重

視されます。リポートトークです。一方、妻とりわけ無職の妻は子どもや近隣が生活圏、そこではリポートトークは通用しません。具体的に詳細に感情豊かに表現することが必要で、そのスタイル――ラポートトークが身につきます。このように対照的で異質なスタイルをもった夫と妻は、同じ日本語を話しているのに相手になじまずコミュニケーション不通になります。夫は「ぐだぐだ話していて要領を得ない」妻の話にうんざりし、「要するになんだ！」となる。他方、妻は話を聞いてくれない、わかってもらえないと夫に愛想をつかしているのです。夫は仕事／妻は家庭という生活の分離が産んだ結果です。

共働き夫婦で会話が最も活発だというデータがありますが、それは夫妻双方がリポートトークを共有していること、夫も（専業主婦を妻にもつ夫よりも）家事をし生活体験を共有していることが、夫妻のコミュニケーションを対等で活発にしている背景でしょう。最近、ワークライフバランスがしきりに喧伝されています。多くの日本の夫婦では、ワーク一点張りの夫とライフのみかワークとライフの過重な生活をしている妻ですが、共働きカップルでは夫妻ともにワークとライフを共有していることがコミュニケーションを対等で活発なものにしているのでしょう。

## 5　マザーリース（育児語）はマザーのものではない

子どもに話しかけるとき、おとな相手の場合とは違った話し方をするものです。ちょっと音が高くなる、語尾が変化する、やさしい表現などでマザーリース（motherese）といわれ、母親語と訳す人もいますが、私は育児語とします。これはマザー、女性の専売特許ではないからです。男性も子ども相手をしているとき、知らず知らずこの傾向を帯びているものです。

子どもがしてはいけないことをしたときの父親と母親の叱り方――しつけ方略を、単純に父母全体で比べますと、父母差がみられ、父親はきっぱりと「ダメ」「やめなさい」と命令、母親は「――だからやめようね」「――いい子はそんなことしないね」など説得し暗示する、といった対照がみられます。よくいわれる「厳父慈母」に対応するような差です。ところが、父親を一括せず、日頃育児をよくする父親とほとんど育児しない父親とに分けて比べてみますと、育児する父親のしつけ方略は母親と同様、説得し暗示する方略が多くなるのです（図2-4）。

子どもの世話をしていると、頭ごなしにダメといったり命令しても効果がないことを体験します。子どもの気持ちや理解力に合わせてあれこれ説明を工夫し暗示的な仕方で子どもを動かす術を自ずから身につけてゆくのです。コミュニケーションスキルは生活体験の産物、マザーリースといわれるものもマザーの専売特許ではなく、育児体験による学習の産物なのです。

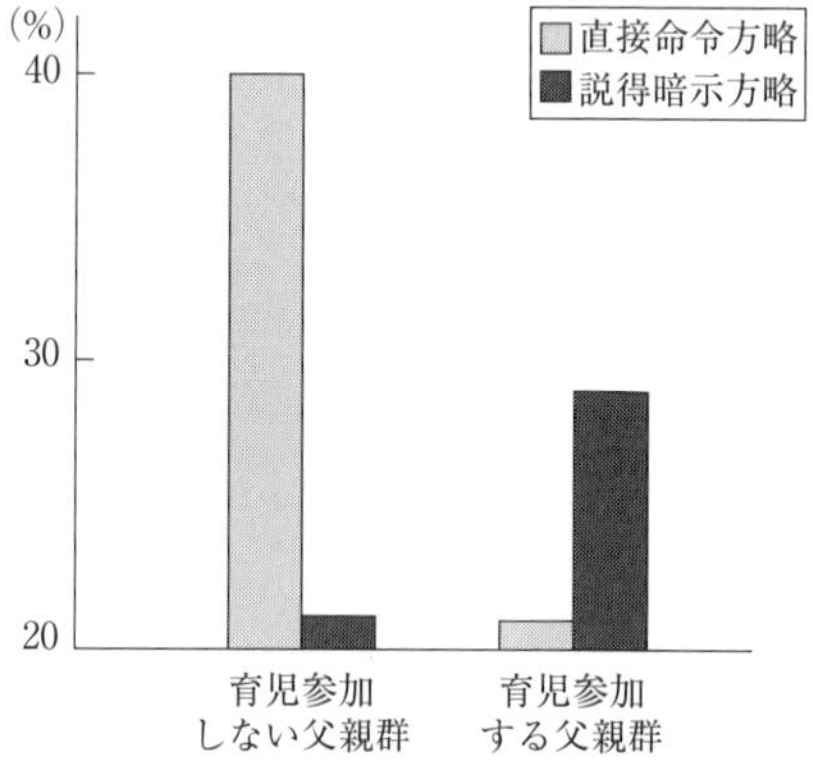


図2-4　育児体験の多い父親と少ない父親のしつけ方略（目良，1997）

## 6 夫婦間コミュニケーションギャップがもたらすもの

### ――メンタルヘルスの阻害と強く長い親子関係への傾斜

「心理的安定」を求めて結婚した夫婦の間に、対等で共感的コミュニケーションが必ずしも成り立っていない事情をみてきました。この結果、夫婦とりわけより低い立場にあり共感的応答の得られない妻のメンタルヘルスはいろいろな形で阻害されています。まず、夫の共感的コミュニケーションが低いほど、妻の心理的安定と結婚満足度は低いのです（平山・柏木　２００１）。また、夫とのコミュニケーションがうまくいっていない、とりわけ夫の無視・回避が多く共感的態度に欠けている場合、妻の育児不安が強いことも明らかにされています（石・桂田　２００６）。

　注目すべきは妻の孤独感です。「一人のとき」孤独だと思うのは当然で、これは夫も妻も体験しています。ところが妻は「夫がいるとき」にも孤独感を強く抱いているのです（井上　２００１）。夫がいることがかえって孤独感を抱かせる、それは話しても通じない、無視・回避する夫は、妻には存在価値がなく、むしろ孤独感を強めるのでしょう。この延長線上に、最近多い妻の「夫在宅ストレス症候群」（黒川　２００５）があります。

　この夫との通じない関係と孤独感を埋めるかのように、妻たちは友人ネットワークを広げ、対等で共感的コミュニケーションの絆をつくっています。これは、夫の対人ネットワークが職場の人以外は妻に限定され地域との交流もないきわめて狭いものであるのとは対照的です（高橋　２０１０）。対人ネットワークが狭い夫にとって、妻は愚痴や不満などを話す自己開示の唯一の対象です（伊藤ほか　２００７）。その意味では妻への心理的依存度は極めて高いのです。妻の死が夫の死期を早める（妻死亡後の夫の寿命は短い）ことはつとに知られています（国立社会保障・人口問題研究所　２００５）が、これは夫が心身ともにいかに妻に依存しているかを端的に反映しています。

　退職前後の夫が「妻と一緒に旅行を」、というのに対して、「夫とよりも友人と」という妻は少なくありません。これは夫と妻の噛み合わない関係性を端的に示すエピソードでしょう。さらに、妻は子どもとりわけ娘との関係を強めます。夫とのパートナーシップ不全が子との関係を過剰に強め、その結果、子の自立を妨げ母親も子離れ不全を招いています。これは日本の家族発達の病理ともいえる現象、そして親子双方の発達不全を招来している問題です。

## 2　夫と妻間のケアの授受

結婚した夫婦には必然的に家事が生じ、やがて子が産まれれば育児が生じます。いずれも家族の心身の安寧と発達のために絶対必要な営みです。他者の心身の安寧のためにする労働をケアと言いますが、家事育児はまさに家族内ケアです。そもそも恋愛から結婚に進む最大の動機であった「わかり合える／支え合える」関係とは、まさに相互にケアし合う関係といえるでしょう。

### 1　誰がケアを担っているか
#### ――夫婦間のケア授受関係

子どもがいる家庭では、最低3種の家族内ケア、①夫妻相互のケア（相手の身辺の世話をする・愚痴や悩みを聞く・慰め励ますなど）、②家事（掃除洗濯・調理など、健康と快適な生活のためのケア）、③育児（無力な赤ちゃんの生命を守りつつがなく成長するための心身の世話・養育）が必要です。この3種のケアを夫と妻がそれぞれどのくらいしているかを分析した研究結果が図2-5です。

ケアの種類による差はありますが、どのケアでもケアをする（ケアラー）のは、夫よりも妻が多いことは共通しています。家事にいたっては、夫の家事量は点線分にしかならない程度と、きわめて少ないのです。この差をどう考えたらいいのでしょうか？　夫は稼ぎ手役割を担って多忙ですから家庭滞在時間は短く、結果として家事や育児量が妻より少なくなると理解することもできます。けれども妻はフルタイム職で働いていても、夫のように家事育児が免責されず、仕事と家庭の両立に奮闘しているのが大勢です。まさに「夫は仕事／女は仕事も家事も」です。女性は仕事をもとうがどんなに忙しかろうと、家事育児は女性の役割との考えが強固に隠然と支配しているからです。「尽くす妻、立てられる夫」という言葉があり、うるわしい夫婦関係のようにいわれたりしますが、それはケアの授受が偏った関係ともいえます。

家事育児はともかく、恋愛関係から結婚する動機となった夫と妻間の相互ケアにかぎってみても、ケアの授受は非均衡です（図2-5）。妻から夫へのケアは夫から妻へのケアよりも上回っており、恋愛中に最重視した対等な相互ケアの関係は失われています。

これは、妻は話題を提供し相手に共感的に話す、それに対して威圧し無視・回避する夫というコミュニケーションの構図とピタリと重なります。相互に共感的なコミュニケーションとは相互ケアの最たるもの、これを欠いているカップルにケアの授受が不均衡なのは当然でしょう。

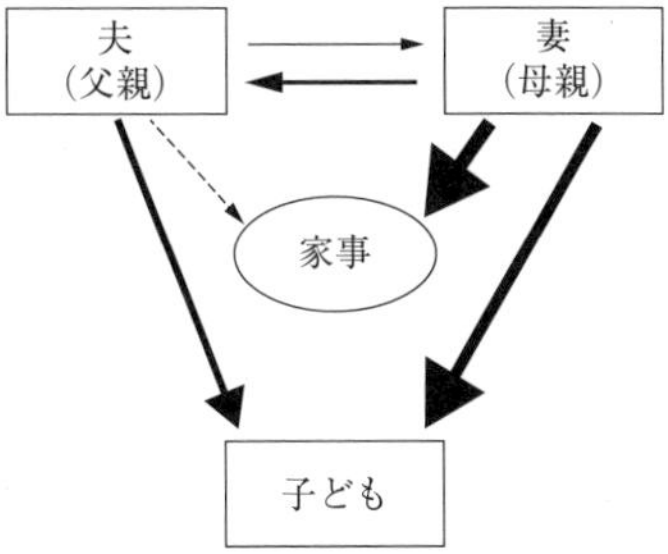


図2-5　子どもや配偶者に対するケア
（平山，1999）

夫妻それぞれのケア実践の量を線の太さで示す。

## 2 非均衡なケア授受関係がもたらす妻の不満

このような現状を妻はどう受けとめているでしょうか？　夫と妻のケア分担が偏っている（妻のほうが

多い）場合、妻の生活満足度も結婚満足度も低いのです（平山 1999、図2-6）。

ケアの授受が偏っていることは、「ケアする」だけで「ケアされない」人がいるということ。尽くされ立てられる側は快適かもしれませんが、ケアする／尽くすだけの側――妻はそれで満たされず、心の痛手となっているのです。妻の結婚満足度が低い（第1章参照）のはその結果の一端です。

対等に会話し家事も共同している若い夫婦の夫の母親が、息子の妻（嫁）に向かって「もっとアッシ（息子の名前）を立ててやって――」と説教されたとのこと。そういわれた妻（嫁）は、「紙人形じゃあるまいし、自分で立てる、立っているもの」と思ったとのことです。屢々理想とされる「尽くす妻、立てられる夫」という夫婦のあり方のおかしさを示唆するエピソードでしょう。

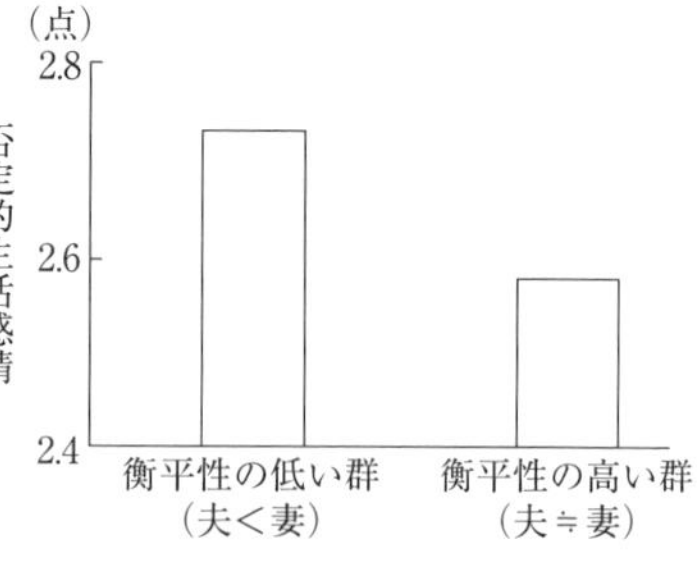

図2-6　夫と妻間のケア役割遂行の不均衡と妻の否定的生活感情（平山，1999）

## 3 夫婦間ケア関係の背景とそれを変化させる要因

では、何がこのような非均衡なケア関係をもたらしているのでしょうか？ 妻は「尽くす（夫は立てられる）」関係を無条件によしとしているのではありません。夫と妻の結婚の理想を調べると（柏木・平山 2003、図2-7）、「相思相愛」が最重要という点では夫婦は一致しています。しかし、そのほかの点では夫と妻は違い、夫は「夫唱婦随」が大事と考え、妻は「妻が尊重されること」が重要だと対照的なのです。つまり男性は、「尽くす妻に立てられる夫」を当然視していますが、妻は自分が相手に尽くす・ケアするばかりでなく自分が尊重されている対等な関係を望んでいるのです（柏木・平山 2003）。

では、この関係に影響している要因は何でしょうか？ 夫と妻の均衡な関係は何によってもたらされるのでしょうか？ 夫の家事量は妻の経済力と対応しており、妻が有職、それも夫と匹敵する経済力をもっている場合、夫の家事量は拡大します（鎌田 1999）。さらに、夫の妻への情緒的ケア——妻に関心をもち共感的に対応する態度も、妻の経済力と対応しています。これは先にコミュニケーションでみられたのと同様です。そして夫の妻への関与——夫の妻へのケアが高い場合、妻の高い結婚満足度と結びついていることも確認されています（平山 1999）。

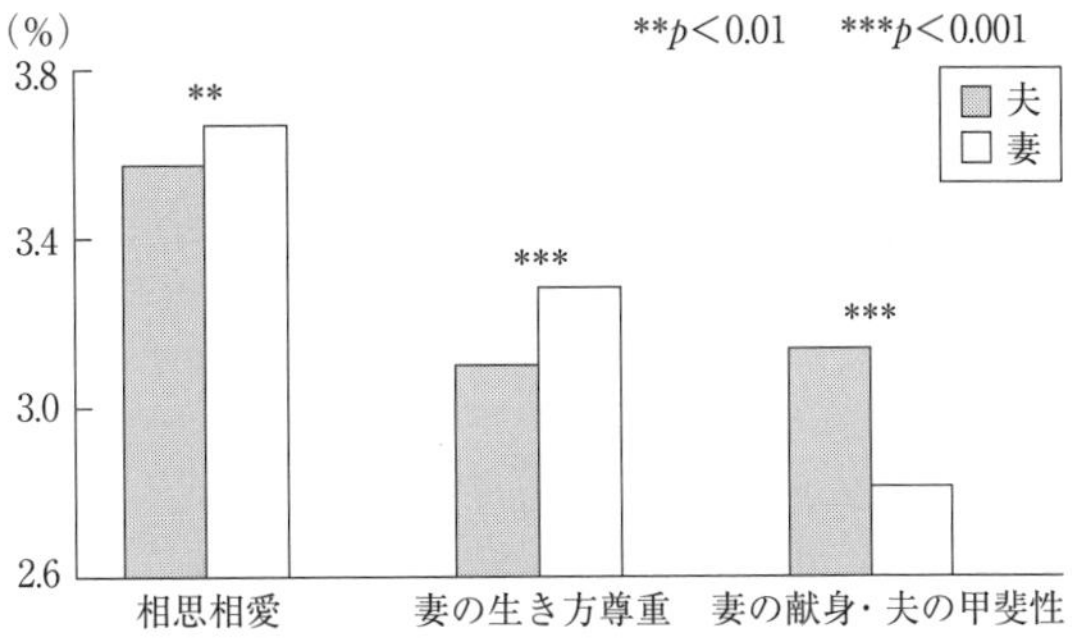


図2-7　夫と妻の結婚の理想の違い
（柏木・平山，2003）

## 4 育児というケアは？
### ——「親になる」が「親をする」から降りる日本の男性

育児では夫婦間ケアや家事よりも夫の参加は相対的に多いものの、ここでも妻／母親の育児が断然多いのです。あたり前と思われるかもしれませんが、諸外国の父親は日本の父親とは比較にならないほど育児にかかわり、それも頼まれたからとか遊び相手といった消極的なものではなく、食事つくりからオムツ換えなど多岐にわたっています。育児休業取得率が女性の85％強に比べて男性はなんと1・7％という数値は、日本の男性の育児しない状況を端的に示しています。日本の男性は「父親になる」が「父親をする」ことから降りているのです（柏木　2011）。このような父親の育児不在は、母親（配偶者）の育児不安を増幅させます（図2-8、柏木・若松　1994）。「母の手で」を実践している無職の母親に育児不安は有意に強いのです。父親の育児不在は子どもの父親評価を低め（深谷　1995）、さらに父親自身のおとなとしての成熟を阻害している（柏木　2013）など、マイナス影響は多々あるのです。

なぜこのように日本の男性は育児せず、育児は母親に偏っているのでしょうか？　その背景に、子育ては「母の手で」との誤った考えがあり、それが社会に根強く浸透している結果です。なぜ誤りかは、子への愛情と育児は女性だけに備わった本能ではなく、性と血縁を超えて備わっていること（養護性）、子への愛情、育児行動を促進するホルモンは男性にもあり、母親だけでなく、父親やその他の人々による複数養育が人類の育児の基本だからです。

父親の育児不在は少子化の原因にもなっています。休日の父親育児時間が短いほど、次子出産率は低いのです（内閣府　2009、図2-9）。理由は簡単です。人間の育児は長期にわたり多大の課題がある困難な作業です（自分で歩け食べられればそれで一人前の動物とは大違いです）。この困難な育児を成功させる戦略として、父親は単に精子の提供者で終わらず育児するよう進化したのです（小原　1998）。

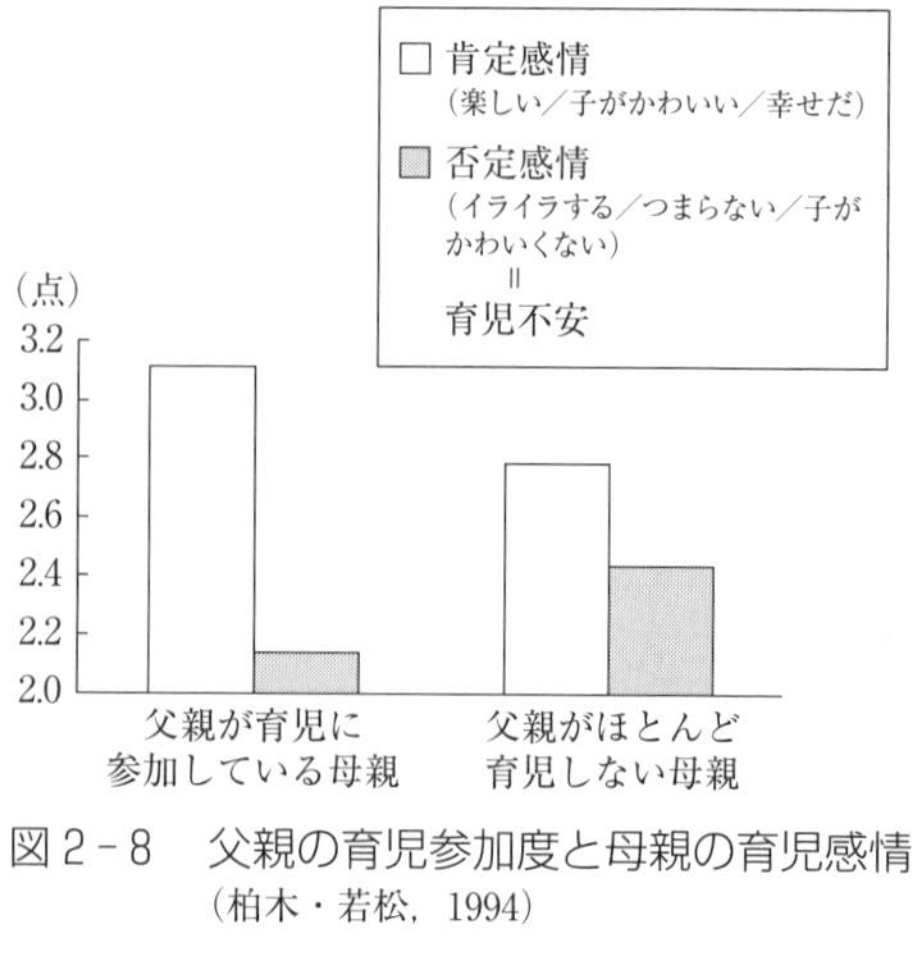


図2-8　父親の育児参加度と母親の育児感情
（柏木・若松，1994）

母親でなくとも男性でも、子をかわいがり育てる力が備わっているのはこのためです。

これほど重要な父親が育児しないのを体験した母親は、当初子どもは二人ほしいと思っていても、「もう産むまいぞ」となってしまうのでしょう。日本の大問題（少子化は、男性の問題）は、精子の提供しかせず「父親をする」ことのない日本の父親が元凶、その生き方働き方の問題です（柏木　２０１１、２０１３）（図２-９）。他方、父親の育児不在は育児だけを生き甲斐とする母親を生み、長く過剰に子を世話し介入する状況を生んでいます。育児でのパートナーシップ不在が母と子の強過ぎる絆という日本の家族病理を生んでいるのです（柏木・平木　２０１１）。

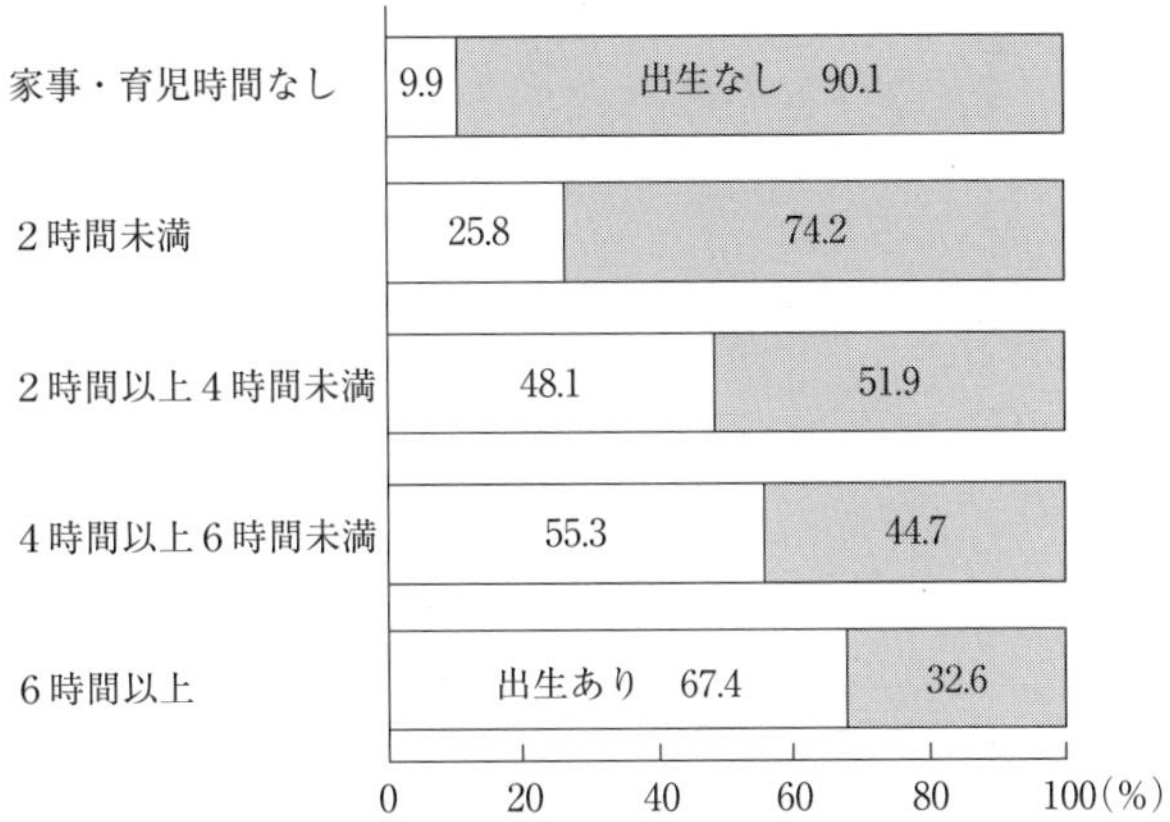

図２-９　父親の休日の家事・育児時間別にみた８年後の第２子誕生（内閣府，2009）

## ５●介護というケア
### ——今、最大のケア問題

最後に先の図にはなかったケア——高齢者介護は、現在日本で最も深刻なケア問題です。育ててくれた親の扶養・介護は「親孝行」の美徳として長らく実践されてきました。それが今、曲がり角にきています。理由は、かつてない超高齢化つまり介護期間の延長と、ケアは女性という慣行（「ケアの女性化」）の破綻です。思えば、親孝行という慣習は大勢の子／娘がいて介護期間もそう長くない状況で成り立ち可能だったのです。少子・超高齢化によって「親孝行の美徳は終焉した」といわれる所以です（深谷　1995）。

にもかかわらず、現実は依然として「ケアの女性化」は続き、家族介護の担当は約70％が女性であり、娘、嫁、妻によるケアが実践されています。

水村美苗の著書『母の遺産』には、長期にわたる母親の介護に心身疲労困憊し自分の健康も夫との関係も仕事も危うくなり、思わず「ママいつまで生きているの」という残酷ともいえる娘の悲鳴が描かれています。これは決して例外でも、単なる小説でもないでしょう。介護のみならず「墓守娘」という新語も現れ、かつての息子に代わって死後のケアまで娘への期待が強いのです（信田　2008）。

しかし少子にして超高齢化の事態は、ケアは女性だけではすまなくし、男性――息子や夫も介護役に登場してきました。女性の介護退職は長らく当然視されてきましたが、ようやく男性にも現れてきました。しかしそれは必ずしもうまくいっていません。息子として夫として立てられ「もう一人の子ども」としてケアされ続けてきた男性に、老い衰え病む者をケアする心構えやスキルが備わっていないからです。多くの男性は、妻や娘に介護されたいと思っており、自分がケア役になるなど予想外のこと。しかも家事も育児もしてこなかった男性に他者の気持ちや状態に寄り添った世話をする力が育っていないのですから、うまくいかないのは当然でしょう。最近、家族介護での虐待増加が憂慮されていますが、その加害者は圧倒的に男性――夫、息子、男孫であるのは、男性がケアラーとなる自覚もスキルも不十分なことがかかわっているでしょう。

## 6 おとなの条件は自立だけではない
### ——おとなはすべてケアラー

このようなケアをめぐる問題は、はからずも人が「おとなになる条件」の再考を促しています。多くの男子学生は「就職し経済力をもったら自立」と疑いなく考えています。一方、女性には「家庭に入る（職業と経済力をもたず家事育児専業にする）」という選択肢が今もあり、また職業をもっても家事育児は女性がするというふうに、男女の自立観は異なり、非対称の現実があります。親も男子には勉強を、女子には勉強のみならず家事手伝いをさせる、という性的社会化が今も強くあります。すでに述べたように、労働力の女性化、家事育児はジェンダーを超えて可能であり必要であることがわかった今日、この「男は仕事、女は家庭」という性別分業は最適性を喪失しています。諸外国では男性のケア分担が日本よりはるかに多い（図2-10）のは、この社会の変化と連動した当然の結果です。日本の男性のきわめて低いケア実践がいかに時

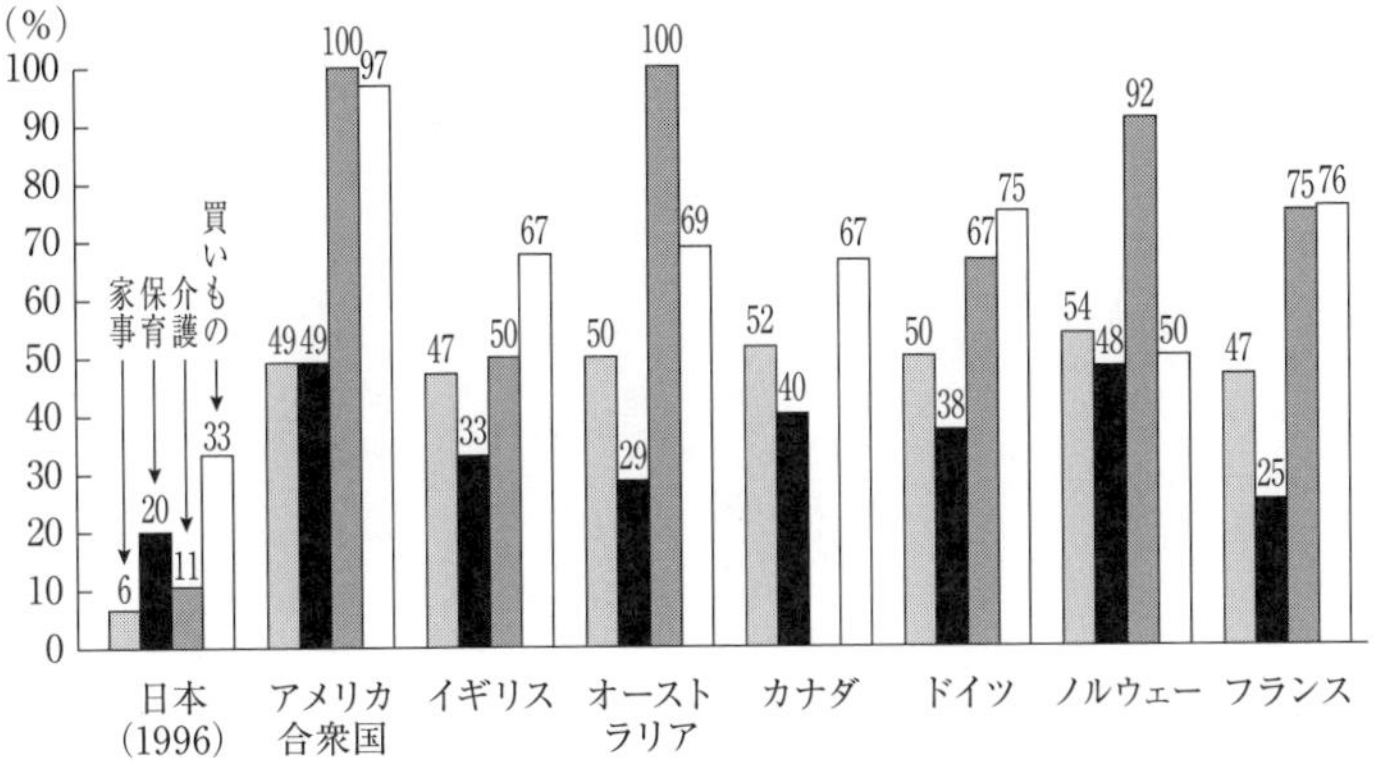


図2-10　家族内ケアの国際比較（内閣府，1999，p. 46）

資料出所：UNDP "Measures of unrecorded economic activities in fourteen countries" 中データおよび総務庁「社会生活基本調査報告」（平成8年）により作成。

代錯誤かがわかるでしょう。また、日本の男性がおとなとしての発達が未熟であるかもしれないと示唆しています。

おとなであることは、即ケアされることから卒業し、自立と同時に他者をケアする役割を担うこと。思えば人の一生はケアを受けることで始まり、ケアされることで終えるもの。このケアを受けるだけですむものではありません。誰もがケアラーとならなければ、人間の一生は成り立ちません。職業的経済的自立だけではおとなとはいえません。またケアするだけで経済的自立を欠いているのもおとなとはいい難いでしょう。夫と妻が経済も生活も「ケアする／ケアされる」を共々に体験する、それがおとなの条件、そして夫と妻の心理的安定をもたらします。「男は仕事、女は家庭」は夫と妻の生活の分離、そして仕事か家庭単一の活動に従事する生き方です。その生き方は今や最適性を喪失し心理的問題をもたらしている事実は、男性・夫も女性・妻もワークとライフを共々に担うことの重要性を示しています。それは今、しきりに喧伝されている「ワークライフバランス」「男女共同参画」の心理学的根拠です。

## 引用・参考文献


ピーズ、A＆ピーズ、B／藤井留美（訳）　２００２　話を聞かない男、地図が読めない女――男脳・女脳が「謎」を解く　主婦の友社

深谷昌志　１９９５　親孝行の終焉　黎明書房

平木典子・柏木惠子　２０１２　家族を生きる――違いを乗り越えるコミュニケーション　東京大学出版会

平山順子　１９９９　家族をケアするということ――育児期女性の感情・意識を中心に　家族心理学研究　**13**　29-47頁

平山順子　２００２　中年期夫婦の情緒的関係――妻から見た情緒的ケアの夫婦間対称性　家族心理学研究　**16**　1-12頁

平山順子・柏木恵子　２００１　中年期夫婦のコミュニケーション態度――夫と妻は異なるのか？　発達心理学研究　12　216-227頁

井上清美　２００１　家族内部における孤独感と個人化傾向――中年期夫婦に対する調査データから　家族社会学研究　12　237-246頁

伊藤裕子・相良順子・池田政子　２００７　夫婦のコミュニケーションが関係満足度に及ぼす影響――自己開示を中心に　文京学院大学人間学部研究紀要　9　1-16頁

鎌田とし子　１９９９　社会構造の変動とジェンダー関係――ダブルインカム家族の「世帯単位主義」からの離陸　鎌田とし子ほか（編）講座社会学14　ジェンダー　東京大学出版会　31-73頁

柏木恵子　２００８　子どもが育つ条件　岩波新書

柏木恵子　２０１１　父親になる、父親をする　岩波ブックレット

柏木恵子　２０１３　おとなが育つ条件　岩波新書

柏木恵子・平木典子　２０１１　家族の心はいま――研究と臨床の対話から　東京大学出版会

柏木恵子・平山順子　２００３　結婚の〝現実〟と夫婦関係満足度との関連性――妻はなぜ不満か　心理学研究　74　122-130頁

柏木恵子・若松素子　１９９４　「親となる」ことによる人格発達――生涯発達的視点から親を研究する試み　発達心理学研究　5　72-83頁

菊池ふみ・柏木恵子　２００８　父親の育児――育児休業をとった父親たち　文京学院大学人間学部紀要　8　189-207頁

国立社会保障・人口問題研究所　２００５　配偶者の死亡の影響の要因

黒川順夫　２００５　夫在宅ストレス症候群　双葉社

水村美苗　２０１２　母の遺産――新聞小説　中央公論新社

目良秋子　１９９７　父親と母親のしつけ方略――育児観・子ども観と父親の育児参加から　発達研究　12　51-58頁

内閣府　１９９９　男女共同参画白書平成11年版

内閣府　２００９　少子化施策利用者意向調査に向けた調査報告書

中村真由美　２００８　男性に求められる資質の変化――対人関係能力と結婚の可能性　柏木恵子・高橋恵子（編）日本の男性の心理学――もう一つのジェンダー問題　有斐閣　141-146頁

難波淳子　１９９９　中年期の日本人夫婦のコミュニケーションの特徴についての一考察――事例の分析を通して　岡山大学大学院文化科学研究科紀要　**8**　69-85頁

信田さよ子　２００８　母が重くてたまらない――墓守娘の嘆き　春秋社

小原嘉明　１９９８　父親の進化――仕組んだ女と仕組まれた男　講談社

石暁玲・桂田恵美子　２００６　夫婦間コミュニケーションの視点からの育児不安の検討――乳幼児をもつ母親を対象とした実証的研究　母性衛生　**47**　222-229頁

スペンダー、Ｄ／れいのるず秋葉かつえ（訳）　１９８７　ことばは男が支配する――言語と性差　勁草書房

高橋恵子　２０１０　人間関係の心理学――愛着のネットワークの生涯発達　東京大学出版会

# 第3章

# 中年期の危機

婚外交渉を中心に

布柴靖枝

## 1　中年期を生きることとは
### ——中年期の発達課題

中年（midlife）という言葉が、英語の辞書に出てきたのはオックスフォード辞典によると１８９５年といわれています。ちょうど産業革命も進み、資本主義社会が確立された頃、ライフスタイルの変化とともに生み出された言葉です。ところで、中年期というと何歳から何歳までを思い浮かべるでしょうか。発達心理学ではおおよそ40歳から65歳を指しています。ところが、アメリカで２０００年に行われた加齢諮問委員会の調査によると65歳から69歳までの回答者の約半数が中年期にいると答えたそうです。若さを重んじるアメリカならではの回答です。中年期のとらえ方は社会的、生物学的、文化的背景によっても大きく異なり、また個人差があるといえます。

この中年期にいち早く注目したのはユングです。ユングは40歳前後を「人生の正午」と呼び、人生の午前には素晴らしいと思えたことや、楽しいと思えたことが、人生の午後に入るとそうとは思えなくなると述べています。人生の前半は、勉強、仕事、結婚、そして子育てなどむしろ外的世界に適応していくことが重視されますが、人生の後半は、体力の限界を知ることで、自己の内面にエネルギーが向き、今まで生きられなかった心の半面（シャドウ）に向き合う作業が始まるとされているのです。すなわち人生の前半にはできなかったことを、人生の後半で希求するようになる時期です。ユング自身もそうであったようにそれは得てして危機という形で体験されやすくなります。

中年期は「若さと老い」、「破壊と創造」、「男らしさと女らしさ」、「愛着と分離」という対立テーマを自分の中でどう折り合いをつけていくかが課題になります（Levinson, 1978）。つまり、矛盾と葛藤を抱えながら両義的に生きていくことを求められる時期ともいえます。そして、中年期の危機は、病気や更年期などの身体的な危機、失業や不安定雇用による経済的危機、職場の人間関係や家庭内の親子・夫婦関係の危機として経験されやすく、それらは生きがいの喪失という自らの存在をゆるがしかねない大きな危機につながります。40代は抑うつ感が増し、再びアイデンティティの危機がおとずれる「第二の青年期」であるとも指摘されています（Vaillant, 1977）。

一方、子どもがいるカップルが中年期に取り組む課題には、①子どもの自立までの子育てと子どもの巣立ち、②家族変化に伴う夫婦関係の変化、③老年期に入る親世代のケアという大きく三つの課題があります（平木　２００６）。いずれも大きな家族システムの変化が求められるため、役割が固定化し、硬直化した家族や夫婦関係の場合、変容が妨げられます。その結果、家族員のだれかに不公平感が募ったり、家族内葛藤が生じ、棚上げされてきた未解決の問題が浮上しやすくなります。

このように中年期は、さまざまな矛盾や葛藤を内包しながら、やり残した課題に取り組み、生き方の質的変容を個人としても、夫婦・カップル・家族としても求められる時期といえるでしょう。

# 2　中年期の婚外交渉をどのようにとらえるか

## 1　婚外交渉
### ——データから

中年期は、第二の青年期ともいわれるように、個人的に取り組むべき課題も再浮上し、生き方をもう一度見直し、選択する時期になります。それは、個人の課題としてだけでなく、夫婦・カップル関係を問われる危機として体験されることにもなります。

なかでも、こういう時期に生じやすい夫婦・カップルの問題の一つに婚外交渉があげられるでしょう。夫婦・カップル関係の問題のなかでも、婚外交渉は、二人の関係性に大きく影響を与える大きな問題だといえます。筆者は、心理臨床に携わるなかで、婚外交渉の問題を含む夫婦・カップルの相談にも多くのってきました。そこで本章は、中年期の危機のなかでも、夫婦・カップル関係を深く問われる婚外交渉について焦点をあてて述べていきたいと思います。

それではまず、婚外交渉のデータからみてみましょう。

婚外交渉の調査は、さまざまなところで行われています。たとえば、２００４年にアメリカのシカゴ大学において行われた調査では、既婚男性の20・5％、既婚女性の11・7％が過去に一度は婚外交渉の経験があるという結果が出ました（Davis et al., 2005）。

また日本において３２０８名の40歳以上の男女を対象にしたＷｅｂ調査（二松　２０１０）によると、夫の34・６％、妻の６％に「浮気（その場かぎりのセックス）」の経験があるとの回答がありました。また、夫の経験者のうち、その28・７％が２回以上の経験があり、常習化の傾向が高いことが明らかになっています。そして、60代の夫の経験者のうち10・５％から11回以上という回答が出ています。

また、同じ相手と２回以上の継続的な関係である「不倫」となると、男性は30・３％、女性は９・９％という結果が出ており、現在も継続中が男性13・４％、女性が２・４％です。

一方で、「不倫願望有り」と回答したものは40～60代の夫の約半数、40代の妻で20・９％、50代で16・１％、60代12・６％です。願望と実際に行動に移すことには、大きな隔たりがありますが、それでも不倫願望をもつ人の多さからも、婚外交渉という現象は私たちの生活の中で、避けがたく起こりやすい身近な問題ととらえる必要があるでしょう。

以上、最近の調査データを紹介しましたが、回答しにくい質問ですので、これらの数字がどの程度、正確なものを反映しているかは疑問が残るかもしれません。実際は、これらの数字をもっと上回る結果が出る可能性も否定できません。

## ２　婚外交渉をどのようにとらえたらよいか
### ――婚外交渉のさまざまな形態

何をもって婚外交渉ととらえるかと問われると、これも個々の夫婦・カップルによって異なった回答が出てくるのではないでしょうか。性的な関係をどのようにとらえるかもさまざまでしょう。婚外交渉とほぼ同義として使われている言葉に浮気、不倫、不貞行為、情事などがあるでしょう。なかでも民法では、不貞行為を男女間の性交渉をさすとし、性交渉を伴わない男女の密会などは不貞行為には該当しないとされています。そして、配偶者に不貞行為があった時は離婚事由に該当すると民法770条で規定されています。実際の判例では、一回の不貞行為だけでなく、反復した不貞行為があった際に離婚事由として認められているようです。このように民法の不貞行為は、男女間の実際の性交渉をもってみなしていることがわかります。

しかし一方で、最近は、ネット上でのサイバーセックス依存の問題が浮上しています。サイバーセックスとは、インターネットを通して疑似性交渉をもつことをいいます。とくにアメリカでは、サイバーセックスがインターネットで広がっており、身体的な接触はなくても、ネットを通しての疑似婚外交渉によって、カップル関係を悪化させ、家族にも大きな影を落としている例がたくさん報告されています。しかも、サイバーセックスは、本人の自覚がないままに短期間に依存症になりやすいといわれています（Jones & Tuttle, 2012）。実際、サイバーセックスでは、ネット上だけの付き合いで、現実には性交渉を直接もっていない関係が続きます。しかし、サイバーセックスにはまっている人のパートナーは、まさに婚外交渉をされている立場と同様の傷つき体験をし、夫婦・カップル間の問題を抱えています。このように最近は、ネットの普及により婚外交渉といっても、その形態はかなり多様化していることがわかります。

また、今日の婚外交渉の問題を考える場合、倫理的問題としてのみでとらえるのではなく、夫婦・カップルの関係性のあり方を問われる問題としてとらえる視点が重要です。実際、婚外交渉の発覚から、夫婦・カップルの関係を見直すことによって、関係が改善することも少なくありません。また、はじめは婚外交渉からスタートしたものの、パートナーを傷つけた責任等をすべて引き受けて、その痛みとともに離婚し、その相手と再婚を選択した事例もあります。このように婚外交渉を一概に悪とみなさずに、それもまた生き方の一つとしてとらえる視点も忘れてはならないでしょう。筆者の心理臨床経験からすると、若年のカップルにおける婚外交渉の発覚は、離婚に至る事例が多いのですが、中年期以降に起こる婚外交渉は、カップル関係の見直しと改善に向かう事例が多いのも事実です（布柴　２００９、２０１３）。しかし、婚外交渉によって引き起こされたパートナーへの不信感や、裏切られ感などの傷つき体験や罪悪感は、その後の夫婦・カップルに大きな影響を与えることに変わりはありません。これらの問題を夫婦・カップルとしてどのように受け止め、いかなる自己決定をしていくかが問われることになります。

## 3 婚外交渉に関する二重規範

婚外交渉に関しては、多くの歴史学や文化人類学の研究でも示されているように、長い歴史の中では公に認められている地域や文化・風習が多く存在してきたことがわかっています。婚外交渉の考え方も地域、文化・風習、時代によって異なり、変遷をたどってきたこともわかります。たとえばナイジェリアのコフィア族では、夫に不満だが離婚を望まない女性は、正当な愛人をもち、夫の家で一緒に暮らし、同じ特権が与えられ、だれもこうした婚外関係を不倫とは考えていないそうです。一方で、アフリカのロジ族は、妻でない既婚女性と一緒に歩いたり、かぎ煙草を送っただけで不倫とみなされていた地域もあるようです（Fisher, 1992）。また、家父長制が重んじられた時代には、日本・中国・産業革命前のヨーロッパでは、不倫という言葉は、男性にはあまり用いられませんでした。むしろ、家系をつなぐために男性が未婚の妾をもつことはむしろ許容され、父方の血を受け継ぐ婚外子も中国では、すべて嫡子として取り扱われてきた歴史があります。男性は既婚女性と関係をもったときだけ、不倫の烙印をおされました。一方、女性の婚外交渉は厳しく禁じられ、相手が未婚の男性であっても、不貞を働いた女性は、死をもって償わされたといわれ、たとえばヒンズー教徒の男性は、不倫を犯した妻を殺すことができた時代もあるといわれています。このように婚外交渉について、男性と女性で二重規範があったことがうかがえます。

西欧の歴史ではじめて不倫を罪ととらえたのは古代ヘブライ人だったといわれています。キリスト教においても、イエスの時代を経て何世紀もたつとしだいに性行動は神に対する罪であるとみなされるようになり、性的な禁欲と神が結び付けられるようになりました。中世に入ると、キリスト教において夫婦の性交は生殖のためにのみ行うべきもので、不倫は悪魔の化身の行為とみなされるようになったのです。このように西洋社会において、キリスト教の普及によって、不倫は道徳的規範としてあってはならないものとして浸透していきました。しかし、それでもさまざまな危険をおかしてでも、婚外交渉は密かに続いていたことが多くの資料からわかります。

次に、現代社会において婚外交渉が起こる要因をみていきたいと思います。

## 4 現実とファンタジーの狭間で起こる婚外交渉
### ——その背景要因

現在社会において婚外交渉はどのような背景の中で生じているのでしょうか。衡平理論（Hatfield & Walster, 1978）によると、均衡のない愛情関係は破れる傾向があり、受け取るものよりも与えるものが多いと感じる側が婚外交渉をもちやすいといわれています。婚外交渉は、セックスの問題というよりも夫婦の親密性を問われることになります（野末　２００８）。また、文化人類学者のマーガレット・ミードは、嫉妬心は傷つけられた自尊心と深く関係していると述べています。すなわち、パートナーの浮気によって自尊心が深く傷つけられたことによって嫉妬心がさらに強くなります。

そして、婚外交渉は現実の夫婦・家族関係や職場やその他の人間関係のなかに居場所が見いだせないときに、現実とファンタジーの狭間で起こりやすい現象です。すなわち、婚外交渉は現実生活の重圧から一時的に解放され、かつ夢の世界ではない、その中間に位置する第三の狭間になるファンタジーとして発生しやすいのです。それでは、婚外交渉が起こる要因（表3-1）をみてみましょう。

### (1)愛の対象とセックスの対象の不一致

愛する対象とセックスで快感を得られる対象が異なる場合です。これは、「した側」本人にとっても不幸なことだと思われます。これらの不一致は、性を巡る問題でさまざまな問題をパートナーと引き起こす可能性があります。また、これらの中には、背景に性依存症がある場合や、抑うつ状態や不安・恐怖を一時的に軽減するための身体・生理学的理由でパートナー以外の相手と性関係をもつ場合もあります。人は、情緒的に混乱したときや、ある一定量の不安や緊張があるときには性的反応を高めることがわかっています（Hatfield & Walster, 1978）。こういったケースは、医療による治療やカウンセリングを受けることが有効といえるでしょう。

### (2)分離―個体化の発達課題の未完の作業

分離―個体化とは、マーラーが、母子関係の観察実験から見いだした発達理論で、おおよそ子どもが生後5か月目から36か月目くらいに行われる作業をさします。つまり、この時期の子どもは母親を安全基地として、自

表3-1　婚外交渉が起こる要因

1．愛の対象とセックスの対象の不一致
2．分離―個体化の発達段階の未完の作業
3．パワー・コントロールの手段（のみ込まれ不安・仕返し）
4．現在のパートナーからは満たされない補償行為
5．メールやネットの普及による婚外交渉の機会のもちやすさ
6．性に対する価値観・ジェンダー観
7．未熟な結婚・原家族の問題
（低い自己分化度・世代間伝達された家族神話等）

己の内面に内在化しながら母親のもとから離れる練習を始めます。そして、外の世界で怖い思いをすると母の元に戻る再接近期を経て最終的に自立に向かっていくのです。ところが、幼児期のこの時期に母親が十分な安全基地になれなかった場合や、母親がその時々で一貫しない態度をとると、この時期の発達課題が未完のままになります。そして成人になってから子どものときに十分体験できなかった発達課題のやり直し作業が始まります。パートナーという安全基地があって初めて浮気ができるといったケースがこれに該当します。もちろん、本人はそのようなことにはまったく気づいていません。こういうケースの場合、パートナーに浮気がばれて、離婚を迫られたとたんに浮気ができなくなります。「した側」にはよほど追い詰められないかぎり、離婚は選択肢にはありません。こういう場合、「された側」が「した側」に根気強く母親のように見守る役割が求められます。このプロセスを通して「した側」も未完の発達課題を完了できると、パートナー（された側）は確固たる存在感をもち、夫婦・カップルの親密性を取り戻すことができます。

### ⑶パワー・コントロールの手段

これは、のみ込まれ不安や親密になることに恐れをもっているために、力関係でバランスをとろうとすることで婚外交渉が生じる場合です。相手が心理的に近づいてくると距離をとりたくなる接近—回避型タイプです。このタイプは、親密性に関する問題を抱えていることが多く、多くは幼少時の親子関係に起因しています。相手との心理的距離が近づくと、相手に呑み込まれコントロールされることに恐怖を覚えます。そのために無意識に相手を回避してしまいます。また、相手が苦しむ姿に罪悪感を覚えながらも、サディスティックな快感を得ている場合もあります。こういう場合、本人、配偶者そして婚外交渉相手で三角関係を形成することで、緊張感のなかにつかず離れずの関係がもてるのでちょうど居心地がいい場合などです。このようなパターンで起こる婚外交渉は、「された側」にとって、非常に大きな心理的負荷がかかります。「する側」に改善が見られない場合は、むしろ離婚したほうが「された側」の心理的健康は保たれるのではないかと思われるケースもあります。また、こういった関係が続くと今度は「された側」が、「する側」になって仕返しのような形で婚外交渉に発展することもあります。こうなってくると悪循環が生じ、さらに両者の関係を悪化させることになります。いずれにしても、パワー・コントロールをしようとすることで起こる婚外交渉は、夫婦・カップルの関係性をますます悪化させます。

### (4)現在のパートナーで満たされない補償行為

パートナーにはない魅力をもつ人に惹かれる場合がそれにあたります。そもそも人は「自分はこんな人になりたい」という願望をもっています。その願望は自分で気づいていない無意識も含みます。この意識的、無意識的にもつ理想の自分を「理想我」と呼びます。そして、自分が求める理想我の欠如感をパートナーで埋めようとする傾向があります。それが恋の始まりともいわれており、現在のパートナーではそれが満たされないとわかると、それを満たしてくれる人をほかに希求することで生じる婚外交渉がこれにあたります。こういうタイプで婚外交渉が起こった場合、「する側」の理想我を満たす存在に「された側」が近づくことでパートナーの婚外交渉は収まる傾向があります。また、「する側」が自分では気づいていなかった自分の理想我に気づくことで、婚外交渉をふみとどめることができます。

### (5)メールやネットの普及による婚外交渉の機会のもちやすさ

婚外交渉は社会的要因も大きく影響を与えています。とくにインターネットが、普及して日常的に生活の一部に取り入れられてきてから、人間関係のもち方はさらに多様化してきました。また、出会い系サイトがビジネスとして広がってきたことから、婚外交渉の機会が圧倒的に増えてきており、性モラルに大きな影響を与えているといえます。最近は出会い系サイトばかりでなく、ＦａｃｅｂｏｏｋやＭｉｘｉなどの「知り合いコミュニティ」ともいわれているソーシャルネットワークサービス（ＳＮＳ）を通しての出会いも多くなっています。ネットは相手の顔が見えない分、内面的な本音を出しやすく、急速に心理的距離が近くなりやすいこともあり、その気になればすぐに相手が見つかりやすくなります。そこから婚外交渉の関係に入る事例も少なくありません。先にも述べましたが、ネットによるサイバーセックス依存者が増え、夫婦・カップルに大きなダメージを与える事例がアメリカでかなり報告されるようになってきました。本人は、実際に会って身体的関係をもっていないので、罪悪感も少なく、パートナーに発覚しないかぎり、その依存から抜け出すことに困難さをかかえているのが特徴です。

### (6)性の価値観・ジェンダー観

性に対する価値観も大きく影響を与えています。セックスと結婚のパートナーの存在を切り分けている人もいるようです。いわばセックスするだけを目的とした関係を割り切ってもっている人もいます。また、「キスまでならあいさつであって、婚外交渉にはあたらない」、「（たとえ、浮気をしても）妻、夫を愛しているのには変わりがない」、「むしろ、浮気があるから、夫（妻）のことを愛し続けられる」等の声を聞くこともあります。このように性に関する価値観は多様です。

また、「男の浮気は甲斐性」という言葉があるようにジェンダー観も大きく影響を与えています。性に関しては、長い間、家父長制社会の中で、男性と女性への二重規範が存在していたことから、男性のほうに性交渉の決定権が委ねられていた時代が長く続いていました。また、性の問題と不可分であるＤＶの被害者は、圧倒的に女性が多いことからも、ジェンダーの問題が色濃く性の問題を支配しているのも事実です。

しかし、長年、性的弱者として不利益をこうむってきた女性にとっても「配偶者からの暴力の防止及び被害者の保護に関する法律」（通称：ＤＶ防止法）の成立や、男女雇用機会均等法によるセクシュアル・ハラスメント防止に関しての使用者責任が問われるようになってきてから、少しずつではありますが、男女の性に関する不利益な扱いは改善の方向に向かいつつあるといえるでしょう。

### (7)未熟な結婚・原家族の問題（自己分化度・世代間伝達された家族神話）

青年期にアイデンティティを十分確立せずに未熟なまま結婚した場合、子育てなどがある程度一段落し始めた第二の青年期といわれる中年期に入った頃に、恋人探しが再燃する場合があります。なかには、ファンタジー世界に近い芸能人の追っかけなどで発散するケースも多いようです。

家族療法家のボーエンは、夫婦・カップルは同じ自己分化度の人と結婚する傾向があると指摘しました。自己分化度とは原家族（第５章93頁参照）の中で身につけたもので、知性システムと感情システムの分化度合いをさしています。自己分化度が低いと、外からの刺激や相手の反応にすぐに影響を受けて、感情的に巻き込まれやすくなる傾向があります。自己分化度の低い夫婦・カップルは、心理的に融合状態が起こりやすく、葛藤が生じやすくなります。しかし、お互いが強い依存関係にありますので、別れたくても別れられない関係に陥ります。しかも、自己分化度の低いカップルが不安や葛藤にさらされると、第三者を巻き込んで家族システムの安定を図ろうとします。家族の中では、子どもが巻き込まれることが多いのですが、時に婚外交渉相手を巻き込んで強力な三角関係を形成する場合も見受けられます。こういった夫婦・カップルの場合、三世代以上の家系図であるジェノグラムの作成などを通して自らの原家族との関係の見直しをすることが有効です。原家族の中での未完の課題に取り組んで、夫婦・カップルのそれぞれが自己分化度を高めていく必要があります。そうでないと相手が変わっても同様のことが繰り返し起こり、根本的な問題である融合関係が引き起こす三角関係の悪循環から抜け出せなくなります（第5章参照）。

また、性の問題や婚外交渉などを原家族がどのようにとらえて体験してきたかも大きく影響を与えます。世代間伝達された家族の物語は、家族神話としてその人の生き方や価値観に大きな影響力を与えているからです。

## 3　婚外交渉を克服するために

### 1　婚外交渉を予防する心理教育

婚外交渉を克服するためにはどのようにしたらよいのでしょうか。アメリカでは、婚外交渉があるなしにかかわらず、夫婦・カップルへの心理教育プログラムを提供することで婚外交渉を防止したり、婚外交渉を克服しようとする試みが報告されています。

夫婦・カップルでプログラムに参加してもらい、夫婦・カップル関係に生じやすい事例を提示し、ディスカッションしながらその事例について考え、その解決に向けて何ができるかを参加型ワークショップ形式で行っています。婚外交渉に関しては、「何をもって婚外交渉とみなすのか」、「友人のパートナーが浮気をしていることを知ったらあなたはどうするか」、「婚外交渉したパートナーを再び信頼できるか」、「婚外交渉を乗り越えるにはどのようにしたらいいか」などの質問が投げかけられ、小グループで話し合ってもらいます。このようなプログラムは、婚外交渉を予防するだけでなく、婚外交渉がある夫婦・カップルにとっても婚外交渉を克服できることから、婚外交渉を寄せつけない（Affair -Proofing）プログラムとして、その有用性が認められています（Piercy et al., 2011）。日本も近い将来、このようなプログラムが積極的に取り入れられるでしょう。

## 2●カップルセラピー
### ——行動の意味と感情に焦点をあてて

夫婦・カップルに生じた問題は、二人だけの問題にとどまらず、子どもがいる場合は、知らない間にその子どもを巻き込みます。子どもは夫婦・カップルの不仲に大変敏感です。なかには子どもが症状や問題を起こす場合があります。子どものことでカウンセリングに来談した親が、夫婦・カップル関係の問題をかかえていることは日常茶飯事といっていいほどによくあることです。子どもを巻き込まずに、夫婦・カップル関係を改善するために家族カウンセリングやカップルセラピーを受けることも有効でしょう。

では、婚外交渉の問題に対してカップルセラピーではどのように取り組んでいくのでしょうか。

筆者のもとには「された側」が最初は一人で来談することも多いです。もちろん、最初から夫婦で揃って来られる場合もあります。一人であっても、二人であっても相談を決意したことが解決に向けての大きな一歩になります。そして、カップルセラピーでは、「された側」の傷ついた気持ちを十分受けとめつつ、今後、夫婦・カップルとしてどうありたいのかを話し合っていきます。婚外交渉をされた側は、健全な自己愛までも傷つけられています。そして、パートナーを再び信頼することの困難さを抱えていますので、信頼感を再構築するプロセスが重要になります。しかし、カップルセラピーでは、信頼感の回復に直接フォーカスをするのではなく、むしろ、情緒的な親密性に焦点をあてて、夫婦・カップルの間で、気持ちを分かち合える関係性をつくっていくことが重要になります。とくに情緒的親密性に問題がある夫婦・カップルの場合、関係の悪循環が生じていますので二人のそれぞれの解決への試みや努力が報われない体験を重ねています。そこに焦点をあてて丁寧にそれぞれの反応や行動の意味、その時の気持ちを言語化できるようにします。傷つき体験は、怒りの感情として表現されることが多いのですが、その怒りの下にある傷ついた気持ちを言葉にしていきます。たとえば自分は大切に思われていないと思ったのか、強烈な孤独感を味わったのか、価値のない人間、女性（男性）として魅力がないと感じたのかなどの「愛着の傷つき（attachment injury）」について言語化する作業が必要になります。また、「した側」は、パートナーのこれらの感情に耳を傾ける際に生じる自分の心の中の感情にも焦点をあてていきます。「した側」にとってパートナーの怒りや傷つき体験を受けとめる作業はとてもつらい作業になりますが、情緒的な親密性を回復するために重要なプロセスになります。しかし、「された側」の怒りの感情があまりに強すぎる場合、向けられたほうは回避的な行動や反応をしてしまう場合があります。それが「された側」にとって不誠実な態度ととられてしまい、関係の悪循環になっているケースもあります。その際には、なぜそのような回避的な行動をとってしまうのか、その背景にある感情を言語化してもらいます。たとえば、これ以上どうしたらいいのかわからないといった無力感、不安、緊張、拒絶されることへの恐れ、相手をまた傷つけてしまうのではないかという怖れ、自分はダメな人間だとレッテルを張られている感じ、みじめな思い等の気持ちを言語化できるようにしていくことが大切です。

## 3●さらにセラピーで焦点をあてるところ
### ——関係性と個の問題

私たちは、無意識のうちに原家族の中で満たされなかったものをパートナーから得ようと試みる傾向があります。幼少時にコントロールされてきた人ほど、そして不安が高い人ほど、パートナーをコントロールしようとする傾向が高くなります。婚外交渉の問題も例外ではありません。「した側」の生育歴の話を聴くと、かつて自己愛を傷つけられた体験をもつ者が少なくありません。それは、現在のパートナーとの間での傷つき体験であることもあるし、あるいは、幼少期の原家族での自己愛の傷つき体験をパートナーとの関係において、今度は「する側」として再現してしまっている事例もあります。このようなケースは、親密な関係を求めながら、一方で拒否しています。また、見捨てられ不安と呑み込まれ不安ももっている場合が多いため、婚外交渉というどちらつかずの状態が苦しくとも刺激的でちょうどいい居心地のよい距離感と関係になるのです。そのため、「する側」にとっては、婚姻関係にあるパートナーとの離婚は念頭になく、婚外交渉相手に結婚を迫られると二人の関係も自然消滅になることが多いのです。

また、日本人は、阿闍世《あじゃせ》コンプレックスをもつ者も少なくないことが指摘されています。阿闍世コンプレックスとは、精神分析家の古澤平作が提唱したコンプレックスの一つで、母を殺そうとした阿闍世が、母に許される体験を通して、罪悪感や自己懲罰感情が生じ、それが超自我の起源になるといわれているものです。いわば、浮気や不倫は形を変えた母殺しの願望ともいえ、浮気・不倫が発覚後、パートナーに許される体験をすることによって、パートナーへの償いの気持ちへと転じて夫婦・カップル関係が改善し、修復されることもあります（布柴　２０１３）。

このようにカップルセラピーの場合、夫婦・カップルの関係性を扱う視点と、個人の課題を原家族での生育歴の中から取り扱う視点とが不可欠になります。なぜならば夫婦・カップルの中で展開されている問題は、個々の心理的課題が関係性の中で増幅して引き出されて悪循環を起こしていることが多いからです。そして、その背景にジェンダー観が強く影響を与えていることも忘れてはならないでしょう。

いずれにせよ、婚外交渉による自己愛の傷つきをお互いがいかに理解し合い、パートナーとしてどのようにありたいのかを問われることになります。我慢やあきらめ、ゆるす―ゆるされる関係にこだわっているうちは、本当の意味で対等な親密性を築けません。そうではなく、お互いに人間的成長の途上にある不完全な存在であることを認めつつ、率直に話し合って情緒的な親密性を養っていく必要があります。ときに時間や距離をとり、待つことも求められるでしょう。あるいは、自他尊重のアサーティブな態度で、嫌なものは嫌であることを勇気をもって伝える必要もあるでしょう。変わらない相手とどう向き合っていくのかを問われます。場合によっては、離婚を決意せざるを得ないこともあるかもしれません。結果はどうであれ、カップル・夫婦として、そして親として個人としていかにありたいのかを深く問われることに変わりありません。どれも簡単に答えが出るものではなく、行きつ戻りつ答えを模索していくことになります。しかし、夫婦・カップルがあきらめずにこれらの問題に真摯に向き合い続ければ、よりよい関係性とより豊かな人生を築いていけることを忘れてはなりません。

## 引用文献

Davis, J. A., Smith, T.W. & Marsden, P. V. 2005 General social surveys, 1972-2004. Cumulative Codebook. Chicago: NORC.

Fisher, H. E. 1992 *Anatomy of love: The natural history of monogamy adultery, and divorce.* New York: W. W. Norton.

Hatfield, E. & Walster, G. W. 1978 *A new look at love.*　斉藤勇（監訳）　１９９９　恋愛心理学　川島書店

平木典子　２００６　中年期と家族問題　臨床心理学　Vol. 6　No. 3　金剛出版

Jones, K. E. & Tuttle, A. E. 2012 Clinitical and ethical considerations for the treatment of cybersex addiction for marriage and family therapists. *Journal of Couple & Relationship Therapy*, **11**, 274–290.

Levinson, D. J. 1978 *The seasons of man's life*. New York: Alfred A. Knopf.　南博（訳）　１９８０　人生の四季　講談社

二松まゆみ　２０１０　年齢別に見る性生活、風俗、浮気、不倫　夫と妻・男と女怖い白書　プレジデント社　14-23頁

野末武義　２００８　夫婦関係の危機と援助　中釜洋子・野末武義・布柴靖枝・無藤清子著　家族心理学　有斐閣ブックス

布柴靖枝　２００９　中年期における夫婦（カップル）ストレス　日本家族心理学会（編）　家族心理学年報　**27**　金子書房　54-67頁

布柴靖枝　２０１３　中年期のカップルセラピーの技法の展開　婚外交渉とセックスレスの性の問題をめぐって　日本家族心理学会（編）　家族心理学年報　**31**　120-131頁　金子書房

Piercy, F. P., Dolbin-MacNab, M. L. & Richardson, T. A. 2011 Affair-Proofing a Relationship: Discussion Questions for Couples. *Journal of Couple & Relationship Therapy*, **10**, 345–362.

Vaillant, G. E. 1977 *Adaptation to Life*. Boston: Little Brown.

# 第4章

# 高齢期の夫婦関係と幸福感

宇都宮博

# はじめに

　大衆長寿時代とも呼ばれる今日、男女ともに多くの人々が高齢期を迎えることができるようになりました。このことは、取りも直さず配偶者がいる高齢者が増えていることを意味しています。またわが国では、社会変動に伴い、家族の小規模化、核家族化が進展しています。三世代世帯は年々減少傾向にあり、高齢者のいる世帯の構成割合をみると（図４-１）、高齢者だけの世帯の占める割合が高くなっていることがわかります（厚生労働省　２０１１）。最も多いパターンは、「夫婦のみの世帯」で、ほぼ３割に達しています。

　一方で、生き方の多様化や個人化が進み、結婚は絶対ではなく、人生の選

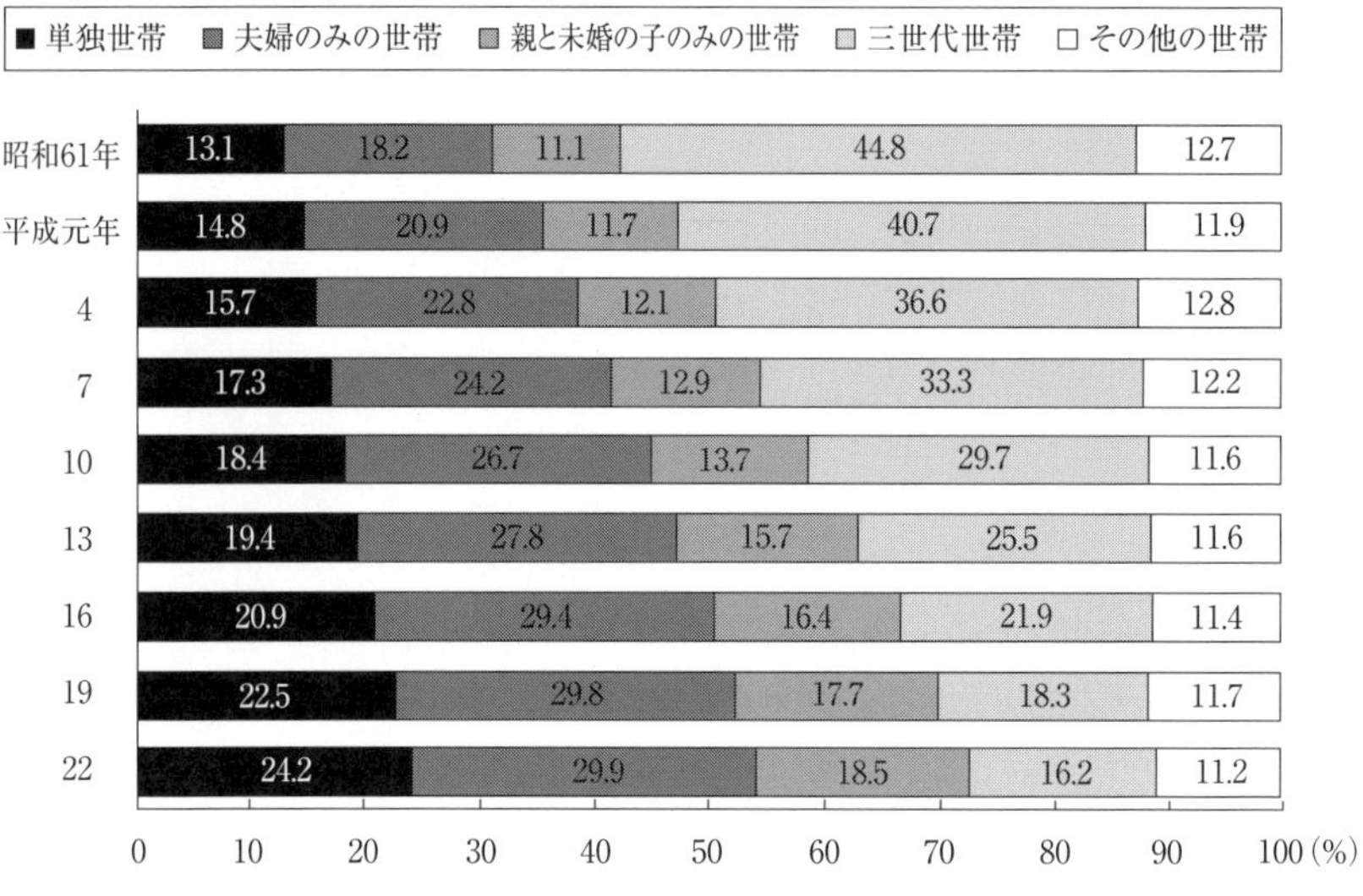


図４－１　世帯構造別にみた65歳以上の者のいる世帯の構成割合の年次推移
（厚生労働省，2011，平成22年国民生活基礎調査の概況）

注１）平成７年の数値は，兵庫県を除いたものである。
　２）「親と未婚の子のみの世帯」とは，「夫婦と未婚の子のみの世帯」「ひとり親と未婚の子のみの世帯」をいう。

択肢の一つとして認識されるようになりました。選択肢としての結婚は、一般に配偶者役割の獲得の時期とされる若年成人だけの問題ではありません。熟年離婚や定年離婚（配偶者役割からの離脱）の増加は、選択肢としての結婚がより高い年齢層にも浸透しつつあることを物語っているのではないでしょうか。「夫婦は生涯添いとげるべき」との永続的観念がゆらぎをみせるなか、結婚生活を継続させることや、人生をともに歩む配偶者との関係性の意味が問われているように思われます。

本章では、高齢者の結婚生活の継続と心理的適応をめぐる問題について、配偶者との関係性に着目して考えます。配偶者との関係性はさまざまな角度からとらえられますが、個人にとっての配偶者の存在や関係性のもつ意味を吟味するうえで、コミットメントの概念が有用であると考えられます。したがって、まずはコミットメントの概念を整理し、関係性の多様なかたちについて検討していきたいと思います。続いて、高齢期の生活の質が、配偶者との関係性によってどのように異なるのかをみていきます。

中高年あるいは高齢期を対象としたわが国のさまざまな調査から、結婚生活への評価が性別によって異なる可能性が示唆されています（たとえば、伊藤・相良　２０１２、ライフデザイン研究所　１９９９、宇都宮　２００４）。端的にいえば、女性は男性に比べて、結婚生活に対して肯定的な感情を抱いていない傾向があるということです。どうしてそのようなジェンダー・ギャップが生じているのかについても、本章でとりあげるデータは何らかの手掛かりを与えてくれるのではないかと思います。そして、最後には結婚生活を通して紡がれる関係性の発達についてみたいと思います。

# 1　配偶者との多様な関係性
## ——コミットメントの視点から

### 1●コミットメントとは

結婚を決意する動機がさまざまあるように、結婚生活を続ける（離婚しない）理由も人それぞれです。それは、同一の夫婦であっても一緒とはかぎりません。こうした結婚生活に対するあり方を、個人のレベルでとらえようとするとき、コミットメントの概念が有効です。

結婚生活に対するコミットメント（marital commitment）の概念をめぐっては、欧米を中心にさまざまな議論が展開されていますが、結婚生活の継続を左右する中枢的な機能として（Bradbury, 1995）、家族研究者や心理臨床家にも注目されています（Fowers, 1990）。コミットメントは、いわば個々人の結婚生活の継続に対する基本的な姿勢を意味します。すなわち、関係の存続のための意思と関与のあり方を問題としています。また、その意思がどのような性質を帯びているかも重要とされます。

したがって、夫と妻が互いに結婚生活の存続を強く望んでいるような場合も、双方のコミットメントがどの方向に向いているかに注目する必要があります。たとえば、愛情や信頼などといった配偶者に向けられた性質だけでなく、信念や宗教により継続をよしとする婚姻制度に向けられた性質もあり、さらには容易に関係を解消できない構造上の問題もあげられています（Adams & Jones, 1999）。

これらのことから、結婚生活に対するコミットメントは基本的には自発性を前提とするものの、その対象が必ずしも配偶者（との関係性）に向いているとはかぎらないことがわかります（宇都宮　２００５）。有配偶者であることの社会的有利性や、「永続性の観念」が強い社会では、離婚が必ずしも賢明な選択ではないことも関係しています。つまり、「配偶者（との関係性）に対するコミットメント」とともに、「婚姻制度に対するコミットメント」も、関係の安定性に重要な役割を担っているのです（Kaslow & Robinson, 1996）。

## 2 コミットメントの個人差をとらえる
### ——関係性ステイタスの視点から

筆者はこれまでコミットメントを質的に分類し、その個人差と関連要因を明らかにしようと試みてきました。コミットメントの分類は、「関係性ステイタス」の視点から行われます。これは、配偶者の存在の意味づけ、つまり先の配偶者に向けてのコミットメントと実際の関与のあり方を中心に分析がなされます。

各ステイタスの評定基準や具体的な反応内容例が、表4-1（宇都宮　２００４、２０１０）です。ステイタスは六つありますが、上の四つは配偶者の存在の意味づけの必要性を認知している（いた）点で共通しています。しかしそこには、意味づけの模索を通して、人格的次元からの意味づけを行って、積極的に関与している人（人格的関係性型）ばかりではなく、存在に両価的な思いを抱き、現在も模索中の人（献身的関係性型）、かつて模索の経験があるものの、人格的な次元での結びつきを断念している人（妥協的関係性型）、そして存在に否定的な意味を見出している人（拡散的関係性型）もいます。一方で、後者の二つは、そうした人格的次元からの模索は自覚されていません。彼らは、結婚生活の継続による機能的な利点に焦点を向ける人（表面的関係性型）と、そもそも結婚生活の継続にとって人格的な次元での結びつきを重要とはみなしていない人（独立的関係性型）で構成されます。このように、関係性ステイタスの視点を通して多様なコミットメントのかたちをとらえることができます。

## 2　高齢期における配偶者との関係性とその関連要因

### 1　ジェンダーによる違い

ここからは、関係性ステイタスを通して、日本の

表４－１　関係性ステイタスの評定基準と特徴

| ステイタス | 存在の意味づけ | 積極的関与 | 特徴 |
|---|---|---|---|
| 人格的関係性型 | 探求→人格的肯定 | している | 最高のめぐり合わせ。この人（配偶者）と深くわかりあえていると思う。私にとっては唯一無二の存在。 |
| 献身的関係性型 | 現在探求中 | している（もしくはしようとしている） | めぐり合ったのは間違いじゃないはず……。この人と心の底からわかりあいたい。あきらめたくない。 |
| 妥協的関係性型 | 探求→中立的 | していない | この人とわかりあいたいと思っていた。でも，今は期待していないし，もうこのままでよい。 |
| 拡散的関係性型 | 探求→否定的 | していない | かつてはわかりあえるようにと努力をしていた。しかし，もう傷つきたくない。どうしてこの人と出会ってしまったのだろう。別れたい，人生をやり直したい。 |
| 表面的関係性型 | 探求せず（機能的肯定） | している | なぜこの人と一緒にいるのかなんて考えたことはない。とにかく満足している。それ以上言うことはない。 |
| 独立的関係性型 | 探求せず（中立的） | していない | なぜこの人と一緒にいるのかなんて考えるのは無意味。生きていくうえで必要な人。愛している，愛していないなんて，私には関係のないこと。 |

高齢者の関係性をみていきたいと思います。図4-2は、ステイタスの分布を男女別に示したものです（宇都宮　印刷中）。男性では、人格的関係性型と表面的関係性型の二つで大部分（83・0％）を占めていました。このことから、高齢男性の多くが、結婚生活に対して肯定的にとらえていることがわかります。

一方、女性は対照的な結果です。男性と同様に人格的関係性型と表面的関係性型が多くの割合を占めてはいますが、本人にとって不本意である（あるいは、かつて不本意であった）関係性も少なくありません。すなわち、献身的関係性型、妥協的関係性型、拡散的関係性型の三つで、全体の3分の1以上（37・3％）を占めていました。実に男性（13・1％）の3倍近くにのぼります。これは、以前に行われた別の調査（宇都宮　2004）でも、ほぼ同様のことが確認されています。結婚生活（配偶者）の満足感に関しては、夫のほうが妻よりも適応的とする結果が示されていますが（第1章参照）、その背景には女性において不本意なステイタスの人々が、相当数存在していることが関係していると思われます。

## 2●余暇活動での「個別性」、「共同性」

定年退職をしてからの期間が増大するに伴い、高齢者の余暇活動

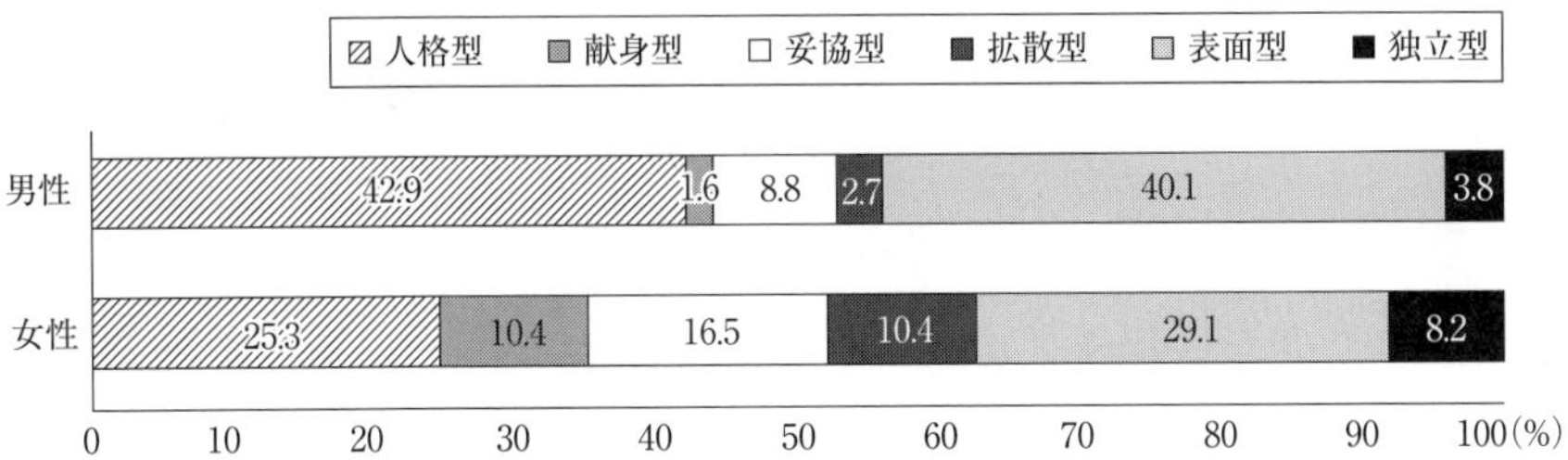


図4-2　各ステイタスの人数分布の男女差（宇都宮，印刷中）

注）それぞれ「人格型」：人格的関係性型，「献身型」：献身的関係性型，「妥協型」：妥協的関係性型，「拡散型」：拡散的関係性型，「表面型」：表面的関係性型，「独立型」：独立的関係性型を意味する。

のあり方が注目されています。とくに夫の社会的活動へのあり方は、自分自身のみならず、妻の生活満足度にも影響することが報告されており（片桐・菅原　2007）、高齢期の結婚生活の質にかかわる重要な要因です。

有配偶者の場合、社会活動への参加をとらえる際には、二つの軸で考える必要があります。一つは、「個人で参加するパターン」と「夫婦で参加するパターン」です。前者は配偶者とは重ならない生活領域であり、高齢期の個別性にかかわる行為であると考えられます。一方、後者は共同性の典型的な行為といえます。また、後者は伴侶性（コンパニオンシップ）に基づく行動とも言い換えられるでしょう。このうち、個別性については、高齢期の男女ともに、個別性が高い水準にあることや、夫婦関係満足度が低い人ほど、個別化を志向しています（伊藤・相良　2010）。しかしながら、個別性の高さは共同性の低さを意味するとはかぎらないため、両者の組み合わせに着目する必要がありま

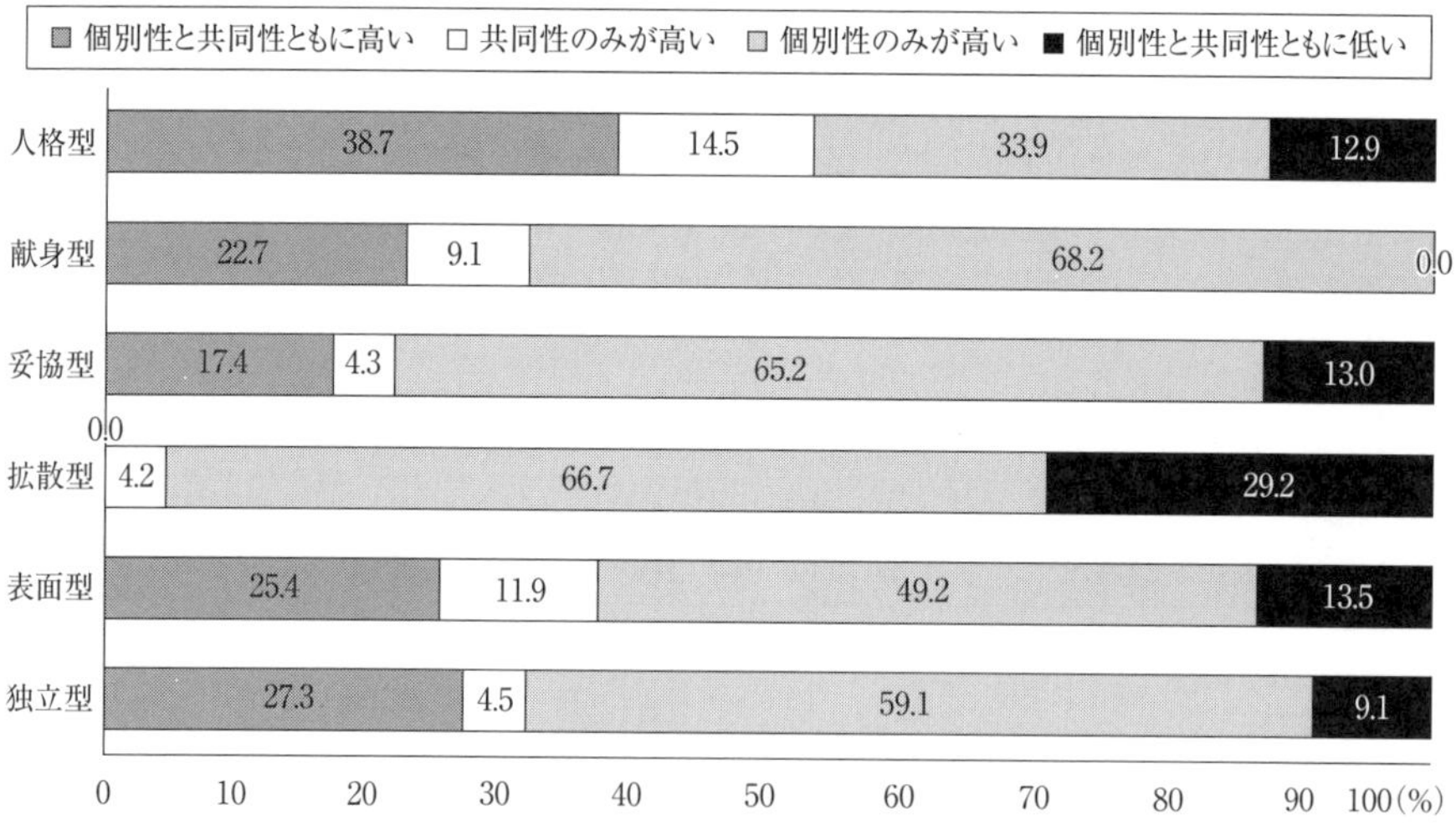


図４－３　各ステイタスの余暇活動への参加パターン（宇都宮，印刷中をもとに再分析を行った）

注）個人の趣味（個別性），夫婦共通の趣味（共同性）それぞれの程度について，「あてはまる」と「どちらかといえばあてはまる」を選択したものを「高い」としている。

す。

　この点について、関係性ステイタスの観点から、余暇活動の個別性と共同性の組み合わせを検討した結果が図4-3です。「個別性と共同性がともに高い」タイプは、人格的関係性型が最も多く（38・7%）、対照的に拡散的関係性型は一人もみられませんでした。人格的関係性型以外のステイタスでは、「個別性のみが高い」タイプが半数から7割近くと大半を占めていました。これは、先の伊藤・相良（2010）の知見と符合します。結婚生活に肯定的な意味づけをしている表面的関係性型でも「個別性のみが高い」人が半数（49・2%）でした。このようなことから、個別性の高さが必ずしも配偶者との不和を示しているわけではなさそうです。両者が複雑な構造にあることをうかがわせます。

　上記のように、有配偶高齢者の余暇活動への参加の実態から、夫婦の個別性と共同性の関係は別次元である可能性が考えられます。この二つを高いレベルで同時に保つためには、夫婦が両者のバランスをうまくとり、統合を図る努力が必要なのかもしれません（磯田　2000）。その点で、人格的意味づけの有無が重要な鍵を握っているように思われます。人格的関係性型とは対照的に拡散的関係性型では、「個別性と共同性がともに低い」タイプがほぼ3割（29・2%）確認されました。彼らの余暇活動への参

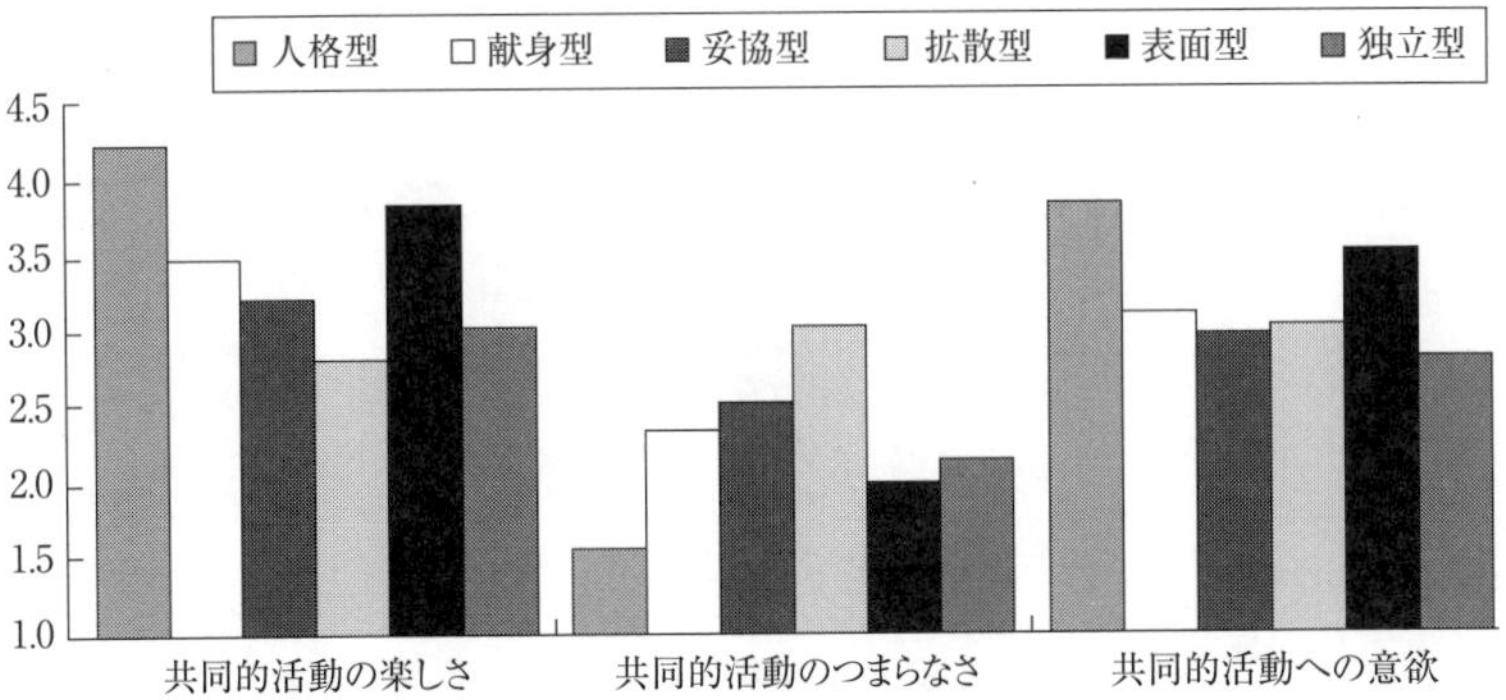

図4-4　各ステイタスの共同的活動への感情（宇都宮，印刷中）

加が乏しい原因はどこにあるのでしょうか。

そこで、共同的活動（共同性）をすることでどのような気持ちになり（図4-4）、また個人的活動（個別性）を行うことについて配偶者からどのようにとらえられていると思っているのか（図4-5）に着目したところ、ステイタスによる違いがみられました（宇都宮　印刷中）。すなわち、拡散的関係性型は、ほかのステイタスよりも、配偶者との共同的活動に楽しさを見いだせず、つまらないと感じていました。そのことは意欲の低さにも表れています。一方、個人的活動（個別性）に対する配偶者の姿勢に関しては、配偶者から自分の活動を理解してもらえず、不快感をもたれているとの感覚を抱いていました。このことから、社会的なつながりを求める高齢者のなかには、配偶者の存在によって行動が制限されているケースがあることがうかがわれます。

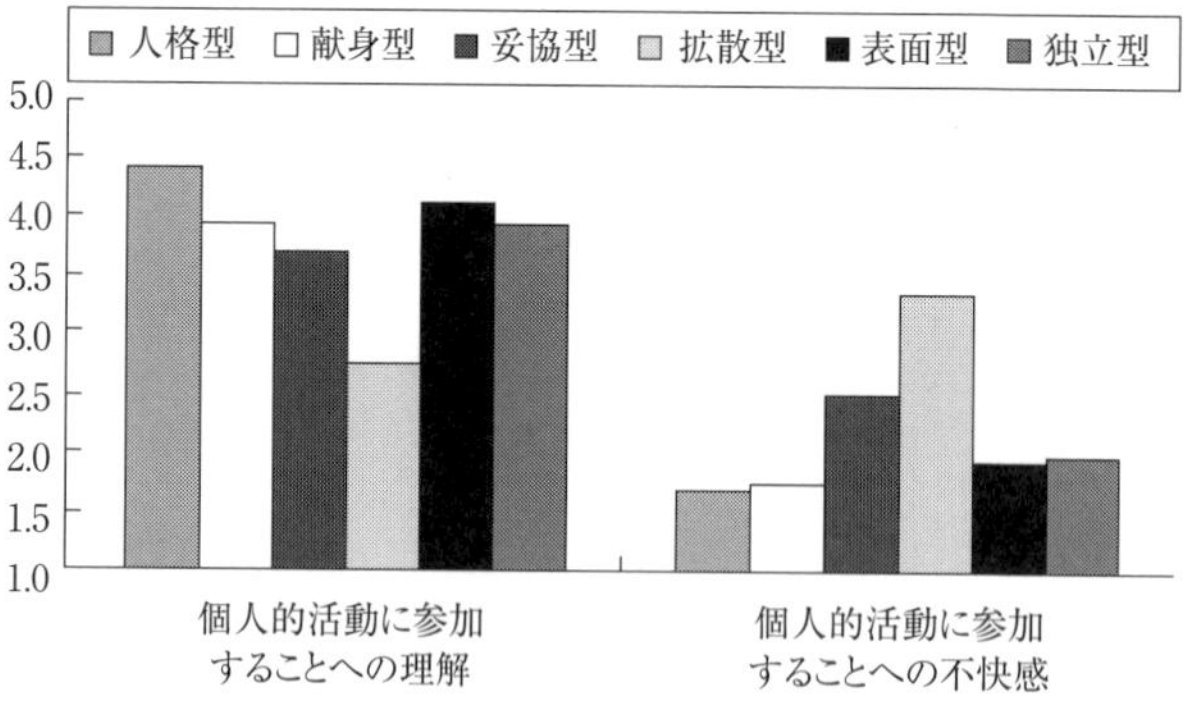

図4-5　各ステイタスの個人的活動に対する配偶者の姿勢
（宇都宮，印刷中）

## 3 結婚生活での日常的葛藤と主観的幸福感

高齢期を平穏に暮らしたいと願う人は少なくないでしょう。高齢期のストレス源にはさまざまなものがありますが、配偶者がいる場合、その関係性に目を向ける必要があります。図4-6は、各ステイタスの日常的葛藤の量（葛藤がどれほど頻繁か）と主観的幸福感を示したものです（宇都宮　印刷中）。その結果、日常的葛藤は、拡散的関係性型で最も高く、妥協的関係性型がそれに続き、逆に最も低かったのは人格的関係性型でした。摩擦が生じる機会を増やさないようにするためには、余暇活動を配偶者とともにすることが少ないのも、当然といえます。

主観的幸福感は、人格的関係性型、表面的関係性型、独立的関係性型の順に高く、拡散的関係性型が最も低い値でした。日常的葛藤が多いほど主観的幸福感が低い傾向にあることからも（宇都宮　印刷中）、配偶者との関係性の重要さがうかがえます。ただし、その一方で、独立的関係性型のように、配偶者と情緒的に深くかかわることに価値を置かなければ、主観的幸福感にはさほど影響しない可能性も考えられます。

ところで、人格的関係性型と同じく結婚生活を肯定的にとらえている表面的関係性型も、高い主観的幸福感を有していましたが、相互性の点で注意が必要といえます。夫が人格的関係性型の場合は、妻も同じステイタスの傾向がみられた（71・9％）のとは対照的に、夫が表面的関係性型の場合には、妻が献身的関係性型、妥協的関係性型、拡散的関係性型である確率が相対的に高く（48・3％）、両者が配偶者に与える影響は、かなり異なるものと考えられます（宇都宮　２００４）。

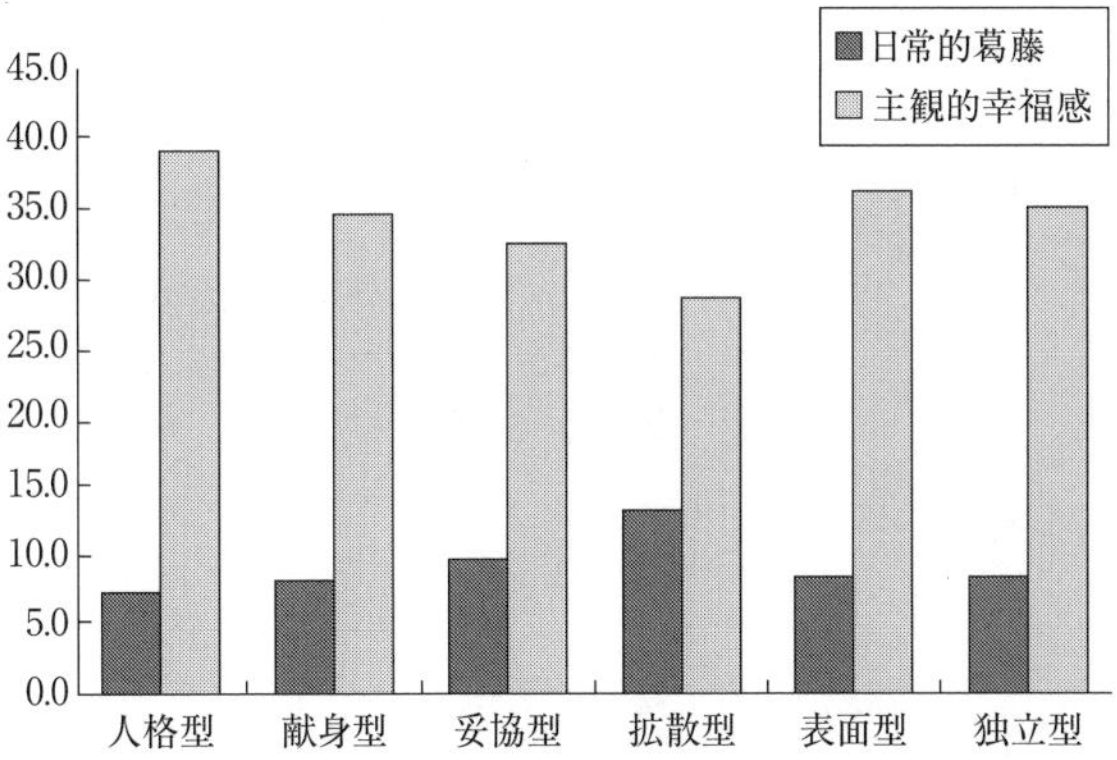


図4－6　各ステイタスの配偶者との日常的葛藤と主観的幸福感（宇都宮，印刷中）

## ４　危機的状況としての介護場面への見通し

多くの夫婦が年老いて直面する問題に、配偶者の介護があります。在宅介護では夫妻間に介護者―被介護者という新たな役割関係が生じます。

高橋（松鵜）・井上・児玉（２００６）は、夫婦二人暮らしで配偶者介護を行っている高齢者を対象にインタビュー調査を実施し、介護の継続意思を支える要因として、「やりがい」、「被介護者への愛着」、「慈愛の気持ち」、「献身的な思い」、「被介護者への恩義」、「安心感」、「気晴らしがあること」、「負担に思わないこと」をあげています。その反面、介護意思を妨げる要因も存在し、「いらだたしさ」、「閉塞感」、「不安感」、「諦めの気持ち」、「孤独感」、「周囲への気兼ね」があることを見出しています。

介護老人保健施設に配偶者が入所している高齢者の調査では（原沢・山田　２０１１）、配偶者が施設に入所しながらも、いかに「夫婦としての生活」を続けるかについて記述しています。そのプロセスは二つの段階があり、一つめの段階は自分自身の〈動機を探索する〉ことで、施設を利用してでも夫婦としての生活を続ける「覚悟を決める」までのプロセスでした。続く第二の段階は、介護生活の中で〈生活する意欲を減退する要因〉によって「覚悟が揺らぐ」、〈夫婦生活を持続する原動力〉によってそれを乗り越え再度「覚悟を決める」を繰り返すプロセスでした。このプロセスを通して、要介護配偶者との絆を深めていく一方で、身体的負担を感じても献身的な介護を辞めない傾向や、子や社会とのつながりの脆弱性から容易に「自分で孤独を作ってしまう」という、配偶者介護者特有の難しさも明らかになっています。

夫婦が介護者―被介護者関係となった際には、過去の夫婦の思い出（林　２００５）や高齢期での関係性が反映される可能性があります。関係性ステイタスによる過去の「夫婦としての人生」に対する評価の違いをみると、人格的関係性型や表面的関係性型では、肯定的な回想が否定的回想を大きく上回っています（図4-7）。一方、拡散的関係性型ではまったく反対の傾向が認められました。また、献身的関係性型や妥協的関係性型は、肯定的な回想と否定的な回想が拮抗している状態でした。このことからも、夫婦に介護者―被介護者関係が生じたときの受けとめ方は、それまでに築いてきた関係性の質によってかなり異なるといえます。

介護をめぐる問題に関して、彼らはどのような見通しをもっているのでしょうか。男性が年長の結婚が大多数であることに加え、女性のほうが長寿であり、必然的に「男性が被介護者、女性が介護者」というパターンが多くなる現状から、見通しのあり方には性差があることが考えられます。そこで、まず女性についてみますと、人格的関係性型と拡散的関係性型との間で、自分が配偶者を介護することに対して、対照的な姿勢が見受けられました（宇都宮　2012）。人格的関係性型では、「そうなればすべてをかけて介護するでしょう」、「覚悟ができている」、「あたり前。精一杯する」などの介護役割を受け入れる意思を示す回答が中心であったのに対し、拡散的関係性型では、「嫌だけど仕方がないと思う。できたらヘルパーさんにお願いしたい」、「苦痛である」、「憂鬱である」といった介護役割に難色や戸惑いを示す回答が多くみられました。

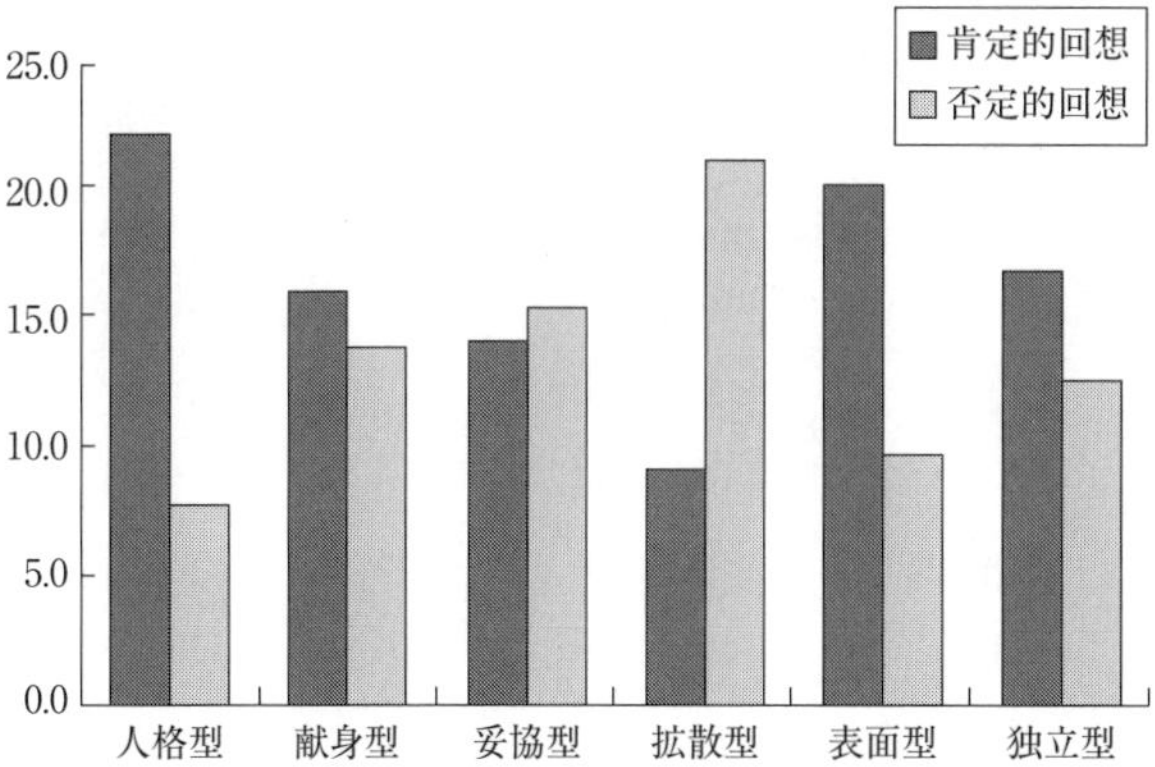


図4-7　各ステイタスの過去の結婚生活についての回想
（宇都宮，印刷中）

逆のパターン（自分が配偶者に介護されること）についても、人格的関係性型では、「一番甘えられる相手」、「いつも会話して覚悟するよう刷り込んでいる」、「心苦しいと思うが、頼ってしまう」などの、配偶者から介護を受けることに受容的な回答が多かったのに対し、拡散的関係性型では、「絶対嫌です」、「苦痛である」、「して欲しくない」などの、配偶者から受ける介護に抵抗感や拒絶感を示す回答がほとんどでした。

一方、男性では、大部分を占めている人格的関係性型と表面的関係性型の違いを比べますと、自分が配偶者に介護されることをめぐる人格的関係性型の反応は、「余り負担をかけたくないです」、「しんどい介護はしなくて良い。介護施設に入れてくれたら良いと思っている」、「大変だろうが、よろしく頼むよ」などの、相手の負担や心身の健康を気遣う回答が顕著でした。それに対し、表面的関係性型では、「してもらいたい」、「当然」、「考えないようにしている」といったように、妻の義務として役割遂行を淡々と期待する、あるいは深く考えていないと思われる回答が多くみられました。

また、自分が配偶者を介護することに対しては、人格的関係性型の場合、「最後まで一緒に暮らしたいです」、「覚悟はしています」、「もしそうなったらやむを得ないこと。精神誠意尽くしてあげようと思っている」など、自らが介護役割を引き受けることを主体的に考える姿勢が多くみられたのに対し、表面的関係性型では、「必要がないように」、「やむを得ない」、「苦にならない」など、現実的にはあまり想定をしていない、あるいは楽観的な展望をもつ傾向が認められました。表面的関係性型が結婚生活を肯定的にとらえる重要な条件は、配偶者が自分の期待する道具的な役割を忠実に遂行してくれることにあります。人格的次元から妻を肯定的に意味づけていない男性の家事労働への関与度が低いことをふまえると（宇都宮２００４）、表面的関係性型の男性にとって、配偶者が現実に要介護状態になることは、受け入れ難い想定外の状況であり、男性自身の生活身辺的な自立の乏しさも手伝い、結婚生活の根幹をゆるがす危機的状況となることが懸念されます。

## 3　生涯にわたり紡がれる配偶者との関係性の発達

これまでみてきたように、高齢期の配偶者との関係性は多様であり、結婚年数の長さが個々人の結婚生活への充実度や満足度の高さを物語っているわけではありません。そうした高齢期の多様な関係性は、どのようにして形成されていったのでしょうか。高齢期夫婦の多くが長年連れ添ってきたことを考えると、彼らの関係性の歴史に光をあてる必要があるように思われます。

結婚生活の長期的な持続のあり方には、①「一貫して肯定型」、②「一貫して中立型」、③「一貫して否定型」、④「曲線型（U字型）」、⑤「下降型」、⑥「上昇型」といった計六つのパターンが想定されますが、結婚年数が長期に及ぶ夫婦（50年以上）において、「下降型」以外の五つのパターンが確認されています（Weishaus & Field, 1988）。また、日本人高齢者対象のインタビュー調査（宇都宮　２００４）では、人生の転機における配偶者との関係性の変容プロセスとして、第1段階「個人の内的危機を認知する段階」、第2段階「個人の内的危機を夫婦関係の問題として位置づける段階」、第3段階「これまでの夫婦関係を見つめ直す段階」、第4段階「夫婦関係を修正・向上させる段階」、第5段階「人格的関係としての安定とそれにもとづく積極的関与の段階」があることが示されています。これらから、配偶者との関係性が常に一定の状態を保持するものではなく、発達・変容をとげていく可能性があるといえるでしょう。

本章では、コミットメントの視点から、日本における高齢期の配偶者との関係性について検討してきました。冒頭でも紹介したように、コミットメントはさまざまな性質を含みます。また、ライフステージによって、結婚生活の存続にとって重要なコミットメントの要素が変化する可能性があり（Robinson et al., 1993）、それぞれの要素の相対的な優位性は、状況によって変わりうるものといえます（Adams & Spain, 1999）。つまり、結婚生活に対するコミットメントは関係が成立しているかぎり、絶えず流動的に変容し続けるものであると考えられます。しかしながら、コミットメントは配偶者とのコミュニケーションをもとに生成されていくものであるため（Sahlstein & Baxter, 2001）、相互作用のあり方が重要となります。夫と妻が結婚生活に対して、互いにどのようなスタンスで臨むかによって、関係性の歴史も違ってくるといえます。

　こうした違いが生じるメカニズムは、「コミットメント志向性モデル」によって説明できます（宇都宮２０１０）。コミットメント志向性とは、個人がどのようなコミットメントの様態を志向しているのかを意味します。このモデルによれば、図4-8の左側部分に示すように、コミットメントは重層的にとらえられます。すなわち、一番下の層にある、「とにかく別れるわけにはいかない」、「関係が続いてくれさえすればそれでよい」といった「制度維持レベル」から、最上層の配偶者の存在意味を問い続けようとする「探求維持レベル」、そして両者の中間で、存在の探求はしな

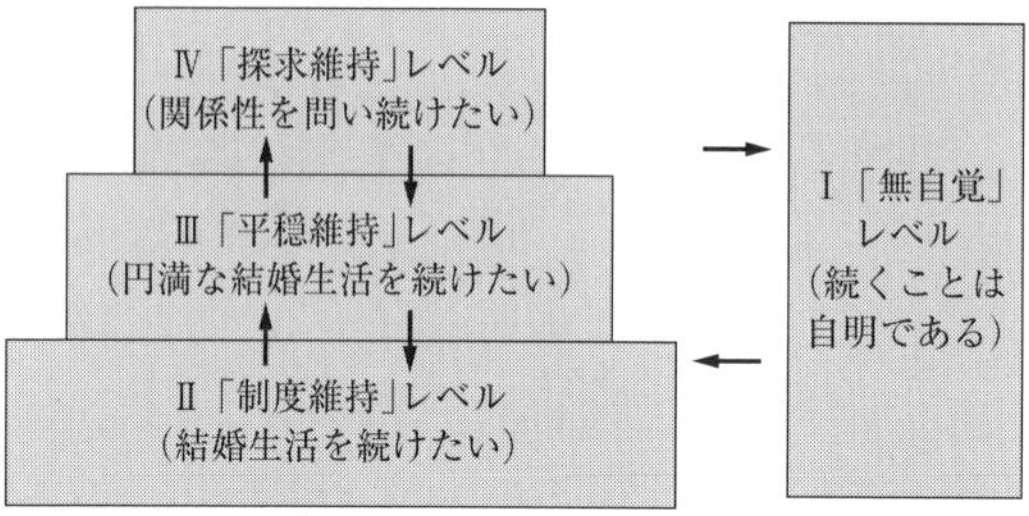


図4-8　結婚生活におけるコミットメント志向性モデル（宇都宮，2010）

探求ルート（上記左側）を構成する３つのレベル
　「制度維持」レベル
　「平穏維持」レベル
　「探求維持」レベル
※自己と配偶者とが異なる他者であること（他者性）に自覚的という点で共通

いものの、継続させる以上、できるだけ平穏で円満なものにしようとする「平穏維持レベル」とに分けられます。これら三つの質は大きく異なりますが、自己と配偶者とが異なる他者であること、すなわち「他者性」に自覚的であるという点では共通しています。

しかし、すべての人がこのいずれかに属するとはかぎりません。「無自覚レベル」があるからです。先の関係性ステイタスでは、表面的関係性型の人々がこのレベルの典型といえるでしょう。彼らは、関係が破綻しないのは自明であるとの前提をもっているため、ともに生きられる時間が有限であることや、自己と配偶者とが別人格の持ち主である点に疎くなってしまっているかもしれません。ただし、これらは静的に一つの状態にとどまるばかりではなく、危機的状況を通して、生涯にわたり変わり続ける可能性があると考えられます。

図4-9は、時間軸に沿って、コミットメント志向性がどう変容していくかを表したものです。コミットメントの発達的プロセスには、配偶者の存在や結婚生活の存続の意味を問う「探求ルート」とそれを行わない「非探求ルート」の複線が存在し、状況に応じて切り替えが行われているものと理解できます。結婚生活が継続するかぎり、状況に応じてレベルを切り替え、「探求ルート内」もしくは「両ルート間」をたどっていくものと考えられます。

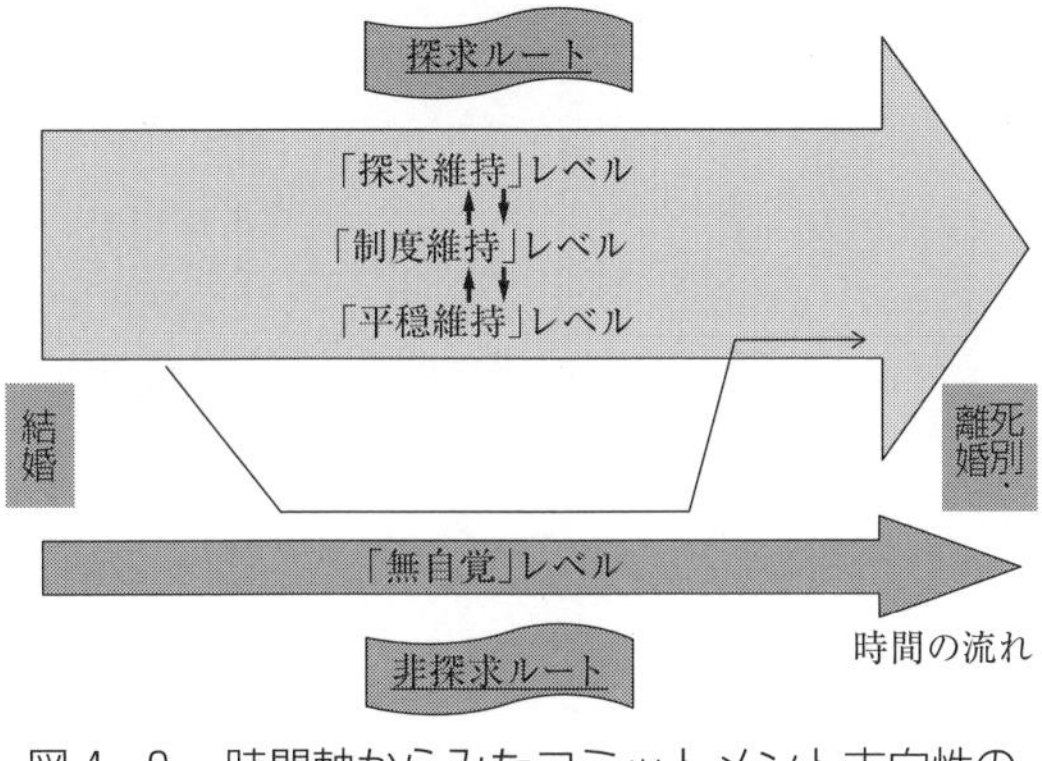


図4-9　時間軸からみたコミットメント志向性の変容イメージ

そうしたルートの切り替えは、関係性の問い直しや変化を迫る危機的状況によってもたらされることが考えられます。たとえば、本人もしくは配偶者の定年退職や子どもの巣立ち、老親介護・看取りといった成人期の主要な役割の獲得・喪失にかかわる標準的な出来事があげられます。さらには、夫婦どちらかの事故や大病、不貞行為といった予期せぬ非標準的な出来事もあります。

結婚生活を存続させる積極的な理由が求められている今日、そうした人生の主要な節目において、夫妻双方が配偶者とどのような関係性を築きたいのかという主体性が問われます。しかしながら、主要な節目での対応以前に、そもそも日々の絶え間ない暮らしの中でどのような関係性を築いてきたのかが非常に重要であると考えられます。夫婦という間柄はあまりに近過ぎる存在であるために、ほかの社会関係に比べると「個」と「個」という視点が不明瞭になりやすいかもしれません。互いに「個」としての存在であることを認識し、尊重する姿勢を見失わないでいられることは、生涯にわたり夫婦の関係性を育んでいくうえで非常に重要な条件といえるのではないでしょうか。

## 引用文献

Adams J. M. & Jones, W. H. 1999 *Handbook of interpersonal commitment and relationship stability*. New York: Kluwer Academic/Plenum.

Adams J. M. & Spain, J. S. 1999 The dynamics of interpersonal commitment and the issue of salience. In J. M. Adams & W. H. Jones (Eds.), *Handbook of Interpersonal Commitment and Relationship Stability*. New York: Kluwer Academic/Plenum. 165–179.

Bradbury, T. N. 1995 Assessing the four fundamental domains of marriage. *Family Relations*, 44, 459–468.

Fowers, B. J. 1990 An interactional approach to standardized marital assessment: A literature review. *Family Relations*, **39**, 368–377.

原沢優子・山田紀代美　２０１１　高齢の配偶者が介護老人保健施設に通いながら夫婦としての生活を続けるプロセス――介護を行う配偶者の視点から　日本看護研究学会雑誌　**34**　65–74頁

林葉子　２００５　夫を在宅で介護する妻の介護役割受け入れプロセスにおける夫婦関係の変容――修正版グラウンデッド・セオリー・アプローチによる33事例の分析　老年社会科学　**27**　43–54頁

磯田朋子　２０００　私事化・個別化の中での夫婦関係　善積京子（編）　結婚とパートナー関係――問い直される夫婦　ミネルヴァ書房　147–167頁

伊藤裕子・相良順子　２０１０　中年期から高齢期における夫婦の役割意識――個別化の視点から　文京学院大学人間学部研究紀要　**12**　163–176頁

伊藤裕子・相良順子　２０１２　定年後の夫婦関係と心理的健康との関連――現役世代との比較から　家族心理学研究　**26**　1–12頁

Kaslow, F. & Robinson, J. A. 1996 Long-term satisfying marriages: Perceptions of contributing factors. *American Journal of Family Therapy*, **24**, 154–170.

片桐恵子・菅原育子　２００７　定年退職者の社会参加活動と夫婦関係――夫の社会参加活動が妻の主観的幸福感に与える効果　老年社会科学　**29**　392–402頁

厚生労働省　２０１１　平成22年国民生活基礎調査の概況　http://www.mhlw.go.jp/toukei/saikin/hw/k-tyosa/k-tyosa09/index.html（閲覧日：２０１３年９月１日）

ライフデザイン研究所　１９９９　高齢男性の夫婦関係――妻の目から見た夫の自立性　ライフデザイン研究所

Robinson, L. C. & Blanton, L. C. & Blanton, P. W. 1993 Marital strengths in enduring marriages. *Family Relations*, **42**, 38–45.

Sahlstein, E. & Baxter, L. A. 2001 Improvising commitment in close relationships: A relational dialectics perspective. In J. H. Harvey & A. E. Wenzel (Eds.), *Close romantic relationships: Maintenance and enhancement.* Mahwah, NJ: Erlbaum. 115-132.

高橋（松鵜）甲枝・井上範江・児玉有子　２００６　高齢者夫婦二人暮らしの介護継続の意思を支える要素と妨げる要素——介護する配偶者の内的心情を中心に　日本看護科学会誌　**26**　58-66頁

宇都宮博　２００４　高齢期の夫婦関係に関する発達心理学的研究　風間書房

宇都宮博　２００５　結婚生活の質が中高年者のアイデンティティに及ぼす影響——夫婦間のズレと相互性に着目して　家族心理学研究　**19**　47-58頁

宇都宮博　２０１０　夫婦関係の発達・変容——結婚生活の継続と配偶者との関係性の発達　岡本祐子（編）　成人発達臨床心理学ハンドブック——個と関係性からライフサイクルを見る　ナカニシヤ出版　187-195頁

宇都宮博　２０１２　老年期における配偶者との関係性と夫婦としての人生の統合をめぐる問題（ラウンドテーブル「結婚生活の継続のなかで配偶者との関係性はいかに育まれるか（５）——老年期の喪失体験と人生の統合をめぐる問題について——」話題提供）　日本発達心理学会第23回大会　59頁

宇都宮博　印刷中　高齢者の結婚生活の質と心理的適応および余暇活動——関係性ステイタスの観点から　高齢者のケアと行動科学

Weishaus, S. & Field, D. 1988 A half century of marriage : Continuity or change? *Journal of Marriage and the Family*, **50**, 763-774.

# 第5章

# 三角関係の機能と病理

平木典子

# はじめに

一般に「三角関係」とは、三人の男女間の複雑な恋愛関係のことをいい、夫婦と愛人の関係がイメージされるでしょう。確かにそれも三角関係の一種ですが、家族心理学や家族療法では、三角関係とは親密な二人とその外側に居る一人の組み合わせによる三人のかかわり全般を指し、このような関係は家族のみならずその他の集団にも見られる安定した関係の最小単位だとされています。そして、この三角関係では、二者関係が穏やかなときと緊張があるときで一定のパターンがくり返されることが特徴です（カーとボーエン　２００１）。

平穏なとき、三角関係は親密な関係を続けようとしている二人組（ＡとＢ）とその近くに居るやや不安定な第三者（Ｃ）とで成り立っています。ところが、親密な二人組がストレスや緊張に出会うと、不安を和らげるために互いに距離をとろうとします。すると、第三者の立場にいたやや不安定な一人は二人組の片方に近づくチャンスを得ます。新たに親密になった二人（ＡとＣ）と緊張から逃れることで安定した一人（Ｂ）は新たな三角関係を形成し、平穏を取り戻すことができます。

三角関係とは、三人が二人対一人の組み合わせをつくって情緒的に支え合うことで心理的安定が維持されるような関係であり、人々の生活には不可欠な関係だともいわれています。親密な二人関係の周囲には、その関係に巻き込まれる可能性のある第三者が常にいて、二人関係が平穏なときとストレスや緊張下にあるときとで、異なった意味づけをもった位置をとるからです。

たとえば、子どもは家族・夫婦にとって誕生前から、いい意味でも悪い意味でも二人組の中に入ってくる第三者です。妊娠はカップルが結婚を決めるきっかけや家族形成の証になり、二人の親密さを強化します。一方、気楽で自由な生活を望んでいるカップルやキャリアを追求している若い大人にとって、妊娠は困惑や危機をもたらすできごとにもなります。産む、産まないで葛藤が起こったり、一方の決断で産むことになったりすれば、子どもは二人にとって脅威や邪魔者になりかねません。また、孫の誕生を待ちわびている祖父母から「まだか、まだか」と催促される夫婦は、まだ存在してもいない子どもを通じて第三者の侵入を受けます。子は「かすがい」といわれたり「くさび」といわれたりするゆえんです。

三角関係は、二人関係の情緒的ニーズと第三者の情緒的ニーズに合わせて無意識のうちにつくられる安全維持装置でもあるので、当事者たちにはそれが危機に発展するまで気づかれません。また、危機が表面化したときでも、多くの場合、三人のうちの誰かの問題としてとりあげられがちです。母子が密着して夫が疎外された三角関係という危機では、「家族を顧みない父親が悪い」とか、「母親は子どもに手をかけ過ぎる」と批判されます。また、残業が多い夫婦が仕事に時間をとられ夫婦仲が疎遠になると、「会社が悪い」とか「仕事が忙しい」など、夫婦以外の外部の問題としてとりあげられ、仕事という第三者との三角関係が意識されることはめったにありません。

私たちは三角関係の機能と病理を知ると、家族関係にかぎらずその他の集団の人間関係においても、早期に危機を回避し、問題解決の道を見出すことができます。本章では、家族と集団にとって第三者という立場がもたらす三角関係の意味と、とくに夫婦にとっての第三者の問題について考えることにしたいと思います。

## 1　三角関係と三人組の違い

ところで「三角関係（triangle）」と「三人組（triad）」は異なった三者関係として区別して理解することが大切です。

### 1●機能的で、健全な三人組（triad）

三人組とは、柔軟な動きをとりながら安定した関係を維持している三人で、時と場の必要に応じて支え合うことができる自立した親密な関係です。たとえば、三人の中のある二人（AとB）の関係が危うくなったとき、第三者の立場にいる一人（C）がA、BそれぞれともAとBの関係性にも公平に関与することができて、危うくなった関係の修復を助けることができるような組み合わせです。いわゆる「仲良し三人組」は、図5-1のように、各々がほかの一人ひとりとかかわり合うこともできれば、二者の関係にも有効にかかわることもできるので、二人でつくる関係よりもはるかに安定しています（平木・中釜　2006）。

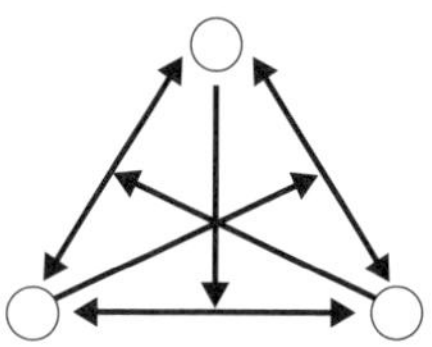

図5-1　機能的で安定した3人組のかかわり

　人々がかかわり合っている様子を見ると、各メンバーは自分の所属している集団の内外で、多様な三人組（あるいは三角関係）をつくっていることがわかります。たとえば、三人家族の中の三人組は一種類ですが、四人家族になると家族内だけでも四種類になり（図5-2参照）、五人家族では九種類と組み合わせが増えていきます。それぞれの組み合わせによって、三人の関係が異なることも、連動する可能性も予測されます。そこに三角関係が入り込む余地があります。

## 2 ● 安定と不安定が連鎖してくり返される三角関係（triangle）

一方、三角関係は、先にも述べたように、不安定な二者の情緒を安定させるために第三者が必要となる関係で、二人対一人の関係が入れ替わったり、固定化したりするパターンをとります。

### (1)三角関係の引き金は不安

三人組とは異なり、三角関係のきっかけになるのは各メンバーの情緒的ニーズであり、とりわけ不安が大きな要素になります。図5-3は三角関係がつくられる過程を示しています。二者（□と○）の不安レベルが低いと

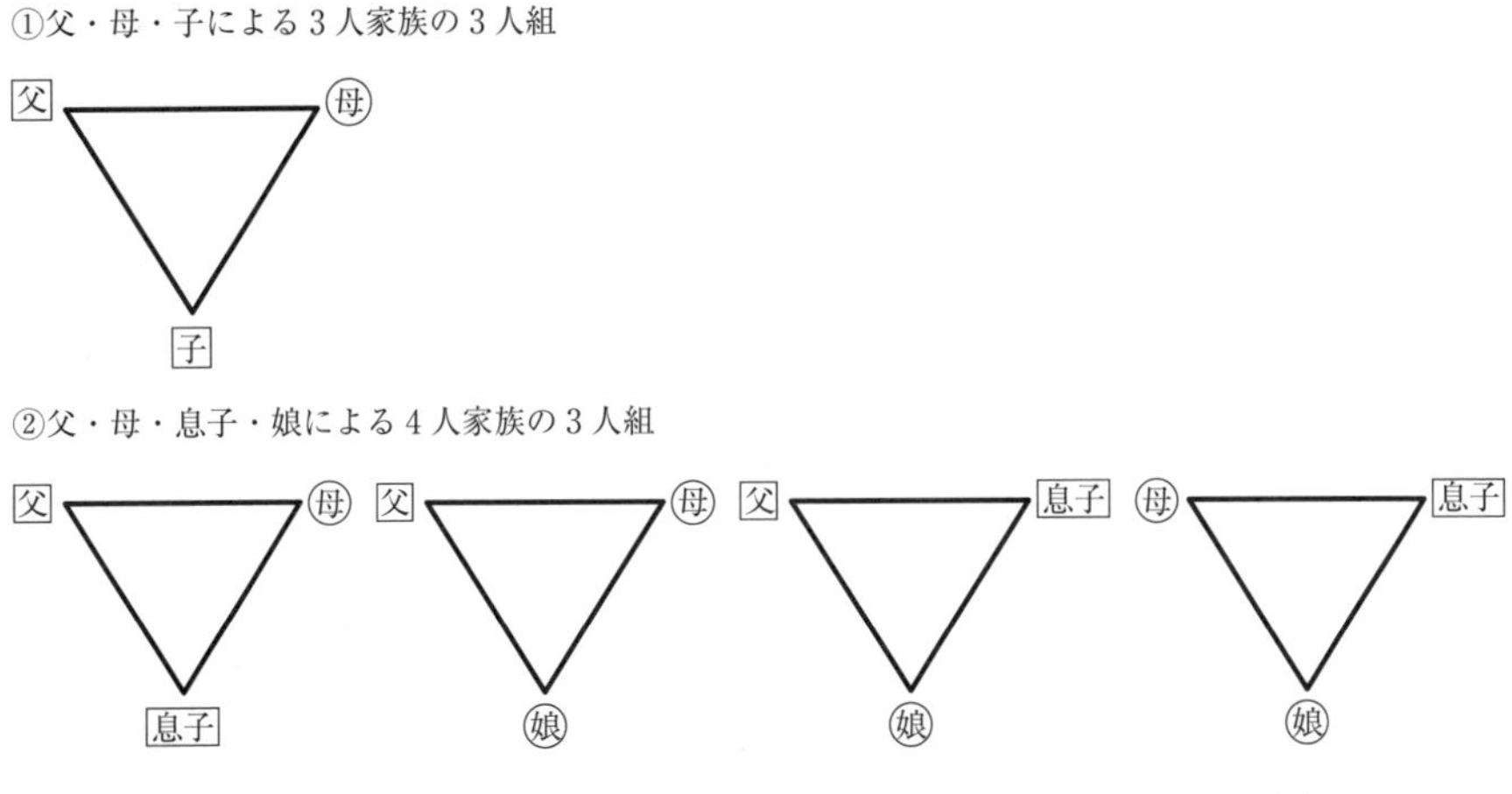


図5-2　3人家族と4人家族の3人組の種類（□は男，○は女）

きには二人の関係は穏やかで居心地のよい状態にあり、第三者は必要ありません（図5-3の①）。ところがその関係が乱されるようなことがあると、二人の不安や緊張が増大し、より不安定な一人（□）がそれまで外側に居た第三者（△）を巻き込んで三角関係をつくります（図5-3の②）。その結果、新たな情緒的関係を結んだ二人（□と△）にも葛藤から離れられた人（○）にも安定がもたらされます。この過程を三角関係化（triangulation）と呼びます。

三角関係は二人関係の不安を三人に拡散し低減することに役立ち、それぞれのニーズが満たされて、安定が得られたかに見えます。しかし、やがて外側に出されたもと二人組の一人（○）にとって第三者の存在（△）は新たな葛藤や不安の元になります（図5-3の③）。

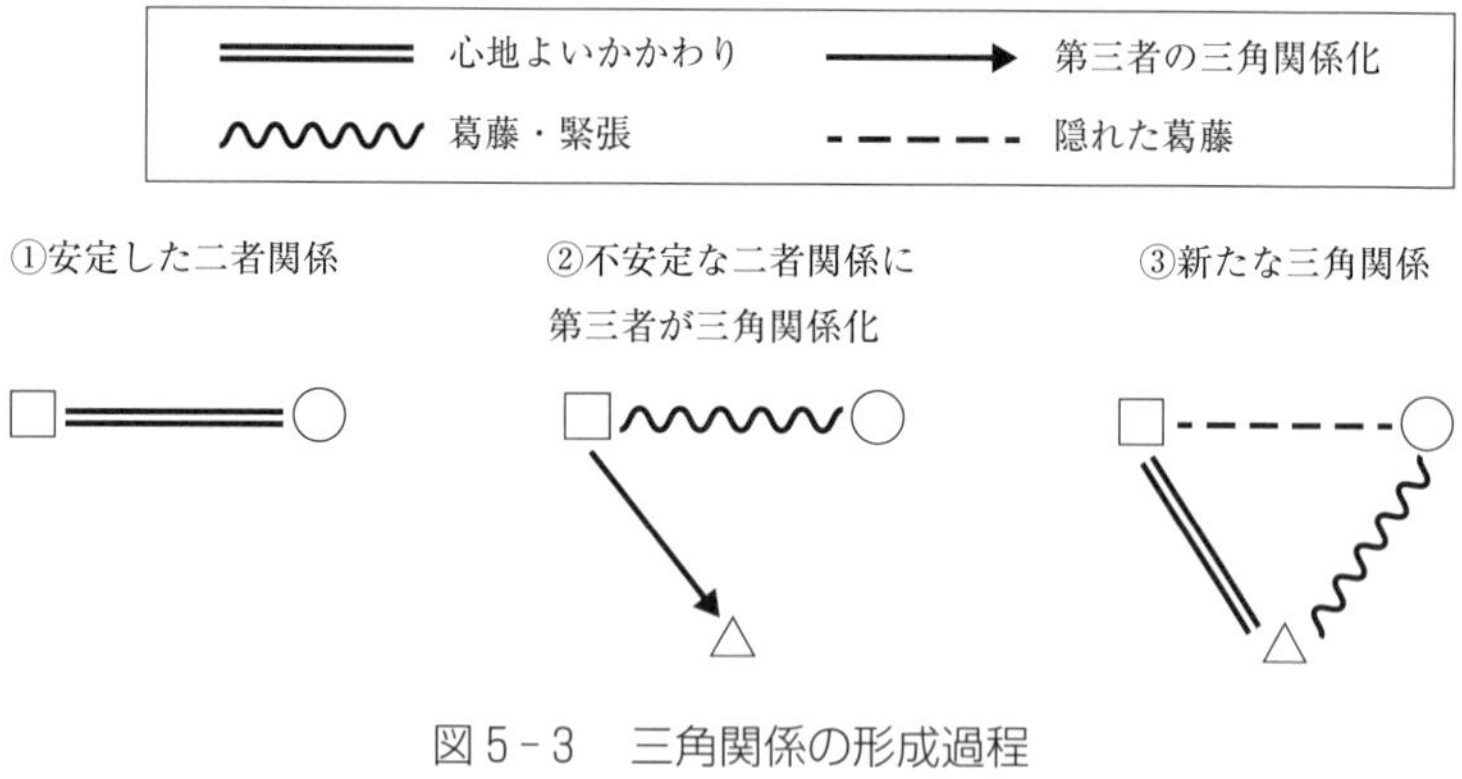


図5-3　三角関係の形成過程

### (2)三角関係は連鎖する

三角関係は二人が抱える不満やストレスを第三者に分散して情緒的安定を得る関係です。たとえば、夫婦間葛藤を解決しないで、夫（妻）の愚痴を友人にこぼして憂さ晴らしをしている妻（夫）や、夫婦げんかの後に実家の母に不満を訴えて慰めてもらっている夫（妻）などは、軽い気持ちで友人や母を巻き込んで無意識の三角関係をつくっているといえるでしょう。

しかし、慰めてくれる第三者が特定の人に固定化すると、三角関係は問題になります。夫婦の安定は特定の友人や実家の母に依存したものになり、二人は自ら関係を修復しないまま葛藤を潜在化させることにもなります。安定をもたらしてくれた第三者の関与が強かったり長期化したりすると、その人をめぐって新たな三つ巴の葛藤が起こります。浮気や嫁姑問題などがその例です。また、第三者の支えがなくなると、二人は自分たちの葛藤関係を放置していたことに気づきますが、時すでに遅く、心理的別居や離婚になっていく場合もあります。

次に、葛藤を抱える夫婦が子どもを三角関係化し、複雑な安定と不安定の連鎖をつくっていく様子をみてみましょう。夫婦は葛藤を軽減しようと互いに距離をとったり、母親が子どもにより近づいたりすることで、父親は夫婦の葛藤から解放され、子どもと母親は安定を得ます。しかし、子育てに葛藤や不安はつきものなので、母子の安定は長続きせず、再びそのストレスを拡散する第三者が必要になります。その場合の第三者には父親がなることもありますが、母親や子どもの関係者（たとえば祖父母や友人）になることもあります。

ときに、母子の外側に居る父は、孤立感を味わったり、母子関係に問題を感じたりします。とりわけ、母子密着によって安定が保たれている母子関係や母親支配の子育てによる隠された子どもの抑圧や葛藤に父親が気づくと、母子関係に侵入することもあります。逆に、子どもが母子関係のストレスから逃れようと父親を三角関係化しようとするかもしれません。不安定になった母親は、子どもを取り戻そうとして父母の葛藤が再燃したり、母子関係も悪化したりすることがあります。

さらに、密着した母子と外側にいる父親で維持されている三角関係が長期化すると、子どもが自立する時期に母子葛藤が表面化したり、親離れ・子離れが困難になったりします。一方、子どもが自立して三角関係から離脱すると、夫婦の不和が回復することもありますが、よりひどくなったりする場合もあります。つまり、三角関係は、第三者が入っても抜けても安定したり、不安定になったりする連鎖が生じ、安定は長続きしないのです。

### (3)多世代に及ぶ三角関係

三角関係はまた、家族の中では世代を越えて永遠に存在するともいわれています。たとえば、三角関係の中で一度情緒的なかかわりの連鎖が起こると、三角関係の中の一人が死亡しても、別の人がその代わりをすることがあります。ある特定の三角関係は、必ずしも現在の関係のみによってつくられているとはかぎらないのです。図5-4は、祖父母世代と親世代の三角関係が孫世代に受け継がれている様子を示しています。

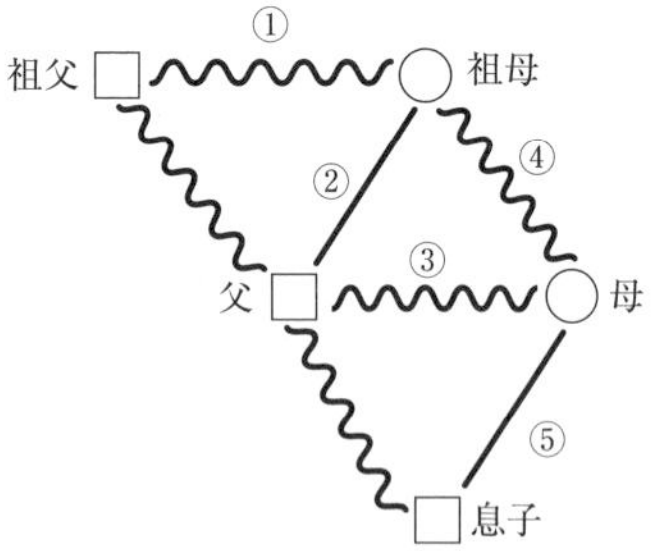


図5－4　二世代におよぶ三角関係

祖父母の不仲①による父を取り込んだ祖父・祖母・父の三角関係は、祖母と父の依存関係②を引きずったまま母との結婚になり、祖母をめぐる父母の葛藤③は母と祖母の葛藤関係④をつくって二重の三角関係が存在することになります。この時点で母の安定が息子を三角関係化することにより得られると、三世代の安定は三つの連鎖による三角関係によって支えられていることになります。

「俳優は入れ代わっても、劇は世代を通して生き続ける」（カーとボーエン　2001）といわれるように、子どもや孫たちが祖父母の代では解決されなかった葛藤解決を引き受けていることもあります。ある三角関係は、必ずしも現在の三人の関係だけによってつくられているとはかぎらず、また、消えてなくなることもありません。関係者たちの不安のレベルによって問題となって表現されたり、されなかったりするのです。

人々の関係が乱されないで穏やかなとき、三角関係はほとんど活性化されないため、その有無は外から観察することはできません。逆に、関係が極度に混沌としているときは、多くの三角関係が同時にさまざまな活動をするので、それらを認識することも非常に困難です。三角関係は、緊張や不安が中程度のとき、関係者間ではストレスや葛藤として意識されたり、そのうちの誰かの症状や問題行動として表面化したりします。関係者たちはそれらを三角関係の問題と受けとめることはめったにありませんが、家族療法家には三角関係を観察したり、認識したりすることができます。

次節では、心理療法やカウンセリングの中で認められる三角関係を例にとりあげ、三角関係の機能と病理について考えていくことにします。

## 2　異なった主訴に見られる三角関係

三角関係を最も発見しやすく家族療法家の対応が効を奏するのは子どもや青年期の問題が主訴で来談するケースです。子どもの問題の背後には、夫婦間葛藤の問題が潜んでいることが多いのですが、家族には子どもの問題として意識されています。また、子どもと夫婦の三角関係がうかがえるケースは、その他の三角関係もかかわっていることが多く、子どもの問題は三角関係の救助信号といっても過言ではありません。

次に三角関係が認められるのは、夫婦関係の問題、とくに親族の問題を含むケースや不倫のケースです。この場合も、第三者の存在が意識されていることはあっても、それが自分たち夫婦の関係性からくる問題としてとらえられるよりも、夫、妻あるいは第三者の問題として訴えられることがほとんどです。

## 1　子ども・青年を中心とした三角関係

子どもの症状や青年の問題を主訴として来談するケースのなかに、援助者が家族の変化を必要としている時期に活性化しやすい三角関係の問題を発見し、家族のかかわり方を変える支援ができると、症状や問題は急速になくなることがあります。ただし、症状や問題がなくなっても家族内の三角関係に潜んでいる情緒的ニーズの動きを見届け、かかわりの変化が定着するところまで支援することが必要です。それが不十分な場合、三角関係は再び活性化して、ほかの問題が再発することもあります。

以下に紹介する場面は、統合失調症を疑われた青年期の長女の問題で家族療法を勧められてウィタカーとナピアを訪れたブライス一家の家族療法からの引用です。青年期の子どもの深刻な症状と問題行動をテーマとしながら、子ども三人と夫婦、祖父母の三世代にわたる三角関係と解決のプロセスがくわしく記録されています（ナピアとウィタカー　１９９０）。北米の事例ですが、子どもを中心とした典型的な三角関係のケースであり、とりわけ幼い子どもが三角関係について知らなくても、その動きを描写することができる例としてとりあげたいと思います。

家族療法では珍しいことではありませんが、このセラピーではウィタカーとナピアの二人の家族療法家が合同面接をしています。セラピストの見事な問いかけに応じて、長女クローディア（十五歳）の弟のドン（十歳）が家族の多重な三角関係を具体的に描写しています。そのやりとりのいくつかを引用して、三角関係のありようを理解していくことにします。やりとりのなかの傍線部分を（　）内で解説します。

ウィタカー（W）とナピア（N）は初回の合同面接で、まず父親に家族の様子について尋ねた後、ドン（D）に声をかけます。ドンが家族のけんかについて触れたところから、以下のようなやりとりを発展させています。会話に出てくるローラ（L）は六歳の妹です。

N　君は家族についてどう思ってるの？

D　そうだなあ、クローディアが何かをするわけだよ。たとえば自分の部屋を最高にめちゃくちゃにしておくとか、本を学校に置いてくるとか、夜遊びするとか。と言ってもこんなにひどくなる前のことなんだけどね。そうするとママが怒鳴りつけるんだ。するとクローディアはふてくされて自分の部屋に上がってしまって、パパが帰ってきても閉じこもったままで出て来ない。そこでパパはクローディアはどこか悪いのかと思って見に行くことになるのさ。そうするとママはパパがクローディアの肩をもつと言って僕にこぼすか、全然口をきかなくなってしまうわけ。パパが下へ降りてきてから、三十分ほどするとクローディアが泣きっ面をして降りてくる。誰もしばらくは口を聞かないんだよね。素晴らしい夕食になるってわけさ。

（ドンは、母娘間の葛藤と不安定な関係に、父親が三角関係化していく様子と母親がドンを三角関係化するプロセスを描写している。）

N　最近は？

D　この頃、クローディアはあまりうろうろしなくなったよ。怒るとママに短い言葉で怒鳴ってから出ていっちゃう。ドアをバタンと閉めて出ていくと、二日ほど帰ってこないこともある。たいていはパパが家に居るときで、クローディアが出て行って十分もしないうちに、パパとママがけんかを始めるんだ。本当のけんかじゃないけどね。中くらいの言い合いみたいなもので、ママは警察かなんかを呼びたいというんだけど、パパはそのうち帰ってくるからそうっとしておけって言うわけ。

（娘が「父娘対母」の三角関係から抜け出そうとすると、父母の葛藤が再燃している。）

W　じゃあ、君はいったいパパとママのけんかにどうかかわっているの？

D　そんなときには小さな妹をいじめることくらいしかできないね。妹が泣きだすと、パパとママの言い合いは収まってしまうことがあるな。

W　それじゃ、クローディアはママとパパにけんかをさせる張本人で、君とローラはそれを止める役をしているみたいだね。

❦

N　クローディアのこと以外でパパとママが怒っているようなことはない？

D　そうなんだ。ママはパパの働き過ぎがとても嫌なんだな。パパはいつも仕事ばかりしている。家に帰ってきても、自分の書斎に閉じこもってまた仕事をするんだから。ほんとに仕事が好きなんだよ。でも、ママがそれをこぼすのはパパにではなくって、僕に向かってね。

（父母の関係の葛藤が父の仕事への過剰関与による母の娘との連合による三角関係を暗示している。そこから自立しようとする娘の動きにより、母は息子を三角関係化しようとしている可能性がある。）

N　そうか、クローディアが自分の部屋に入ったきり出てこないのは、パパが書斎に閉じこもってしまうのと同じだから、それでママが怒ってしまうわけだ。

D　うん。

❦

N　君のパパがママに面と向かっては言わないけれども、怒っていることってなんだい？

D　ママのおばあちゃんのことだよ。おばあちゃんはずいぶん年をとっていて、気難しくって、それにとてもおせっかいで、ママによく電話してくるし、ママはしょっちゅうおばあちゃんに会いに行かなくてはならないんだ。おばあちゃんがママにああしろこうしろって言うので、電話代や飛行機代も高くつくし、それでパパはママに怒ることになるの。

（ここには、ママとおばあちゃん対パパという三角関係が描写されている。）

W　どうしてそんなこと知ってるんだ？

D　パパがクローディアに話しているのを聞いたことがあるもの。

W　そうか、パパはクローディアに愚痴を言うし、ママは君に愚痴をこぼすんだね。君の家ではそんなチームができているんだね。クローディアはパパのチームで、君はママのチームというわけか。

（ウィタカーは、父娘対母、母息子対父の三角関係をチームということばで暗示し、関係理解を進めている。）

D　まあそうだね。でも本当は、僕はどちらにも入らないようにしてるけど。そういうチームからは離れていたいから。

W　なるほど。

上記のやりとりでは、十歳のドンが家族のけんかを具体的に描写していますが、家族療法家にとっては、クローディアをめぐるブライス家の三角関係を子どもなりに、ある意味で見事にとらえていることがわかります。その様子は、以下のように描くことができます。

思春期になったクローディアは、母親との密着や母親の干渉から離脱しようと自立を試みたのでしょう。それは母との激しい対立を招き、極度の心理的混乱に陥っていると思われます。しかし、娘の常軌を逸脱した言動に母親の監視はいっそう厳しくなり、二人の関係は険悪になっています。二人の間の緊張と対立の激しさを前にして、父親は娘の味方になったり、妻の味方になったりして緩和に努めますが、それは母娘関係の修復を助けるどころか、二人から裏切り者扱いされているようです。

ただ、それ以前に夫の仕事への執心は夫婦の親密さに影を落としていて、仕事をめぐる三角関係が形成されています。また、その夫婦関係の不安定から、母親は長女を引き込んだ三角関係をつくっているとも考えられます。その三角関係から娘が脱出しようとしたため母の安定は崩れ、娘を取り戻そうとしている可能性もあります。このような三角関係に陥っている家族を家族療法家たちは「仕事と浮気している夫と子どもと結婚している妻」と呼んだりします。

また、母親が自分の母（祖母）の指示に従っているところから推察すると、母親は娘も自分に従順であるべきだと思っているようです。ところが父親（夫）は祖母に対して反感をもっているため、父と娘の同調に母親は脅威を感じているでしょう。娘と夫婦の三角関係に重ねて、夫婦と祖母をめぐる三角関係もあることが想像できます。

加えて、ドンは母親の愚痴の聞き役であり、いかにも次に三角関係化されることを予感しているようで、「どちらのチームにも入らないようにしている」と警戒心を表現しています。

小学生の子どもが描写する家族の関係から、この時点で三つの三角関係が予測できます（図5-5）。

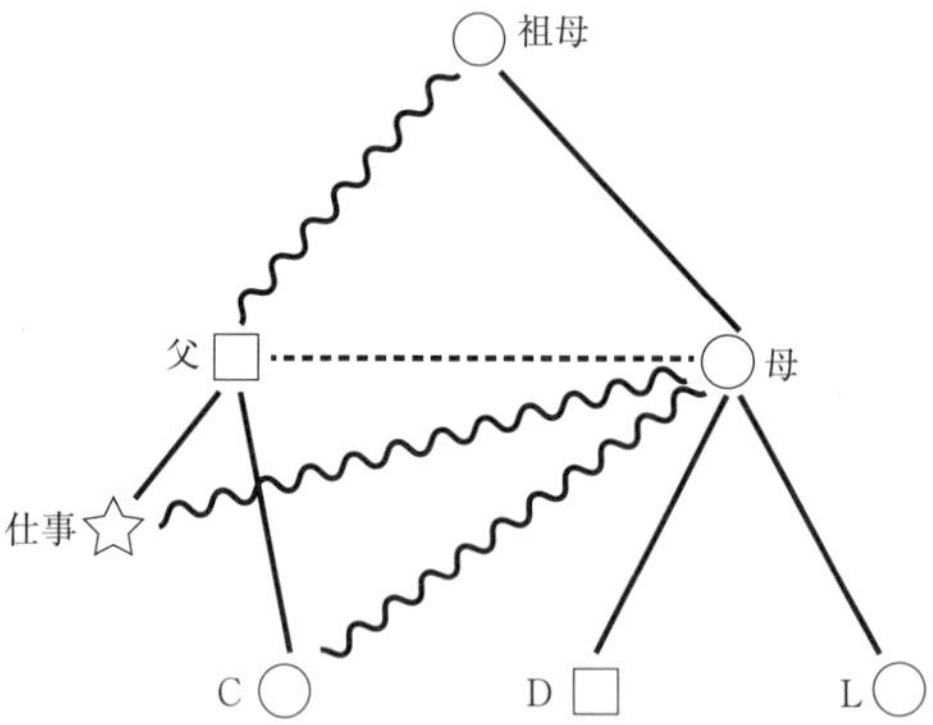


図5-5　ブライス家の多重な三角関係

ブライス家のセラピーでは、最初の数回で長女クローディアの深刻な症状はまったくなくなっています。しかし、子どもたちの健全な自立には、母方祖母と母、父方祖父と父との関係をめぐる三角関係からの解放を含むセラピーの過程が必要でした。

青年期の子どもを中心とした三角関係は、関係に巻き込まれていない者であれば、十歳の子どもでも観察できるものです。しかし、その三角関係の裏には個々のメンバーの情緒的ニーズが複雑に絡まっており、症状や問題の消失だけではすまない課題があることがわかります。

## 2● 夫婦の三角関係

カップル・セラピーに来談する夫婦は、夫婦間葛藤や結婚・コミュニケーションの不満などをテーマにすることが多いのですが、ほとんどのカップルが問題の原因は相手にあると訴えます。つまり、問題は相手であって、自分たちのかかわり方や三角関係にあるとは思っていません。よく聞く訴えは、「実家では何の問題もなく過ごしてきたし、職場でも友人とも楽しく、うまくつき合っている。子どもともいい関係でいられる自分に問題などない」というもので、配偶者以外の人とのより楽な関係を求めたくなったりしています。

配偶者以外の相手とは、ブライス家のように実家の親だったり、子どもだったり会社だったりするのですが、そこには夫や妻の*原家族での未解決の葛藤の問題が潜んでいることも少なくありません（*日本語の「実家」に近い意味で、出生家族ともいいます。家族療法の family of origin が訳されたことばですが、原家族あるいは源家族と表記され、いずれも同じ意味です）。

### (1)原家族との情緒的遮断による三角関係

たとえば、夫（妻）にとって結婚そのものが自分の両親との三角関係を脱するための手段で、両親から離れるための合法的方策になっていることがあります。ただ、それが片方の親との密着度が強かったり、両親に反対された結婚だったりすると、両親との関係を強引に遮断することもあります。たとえば、無意識に母親に依存し情緒的なニーズを満たしていた夫（妻）が母親との関係を遮断した結果、失った親の代わりを配偶者に求めたりする場合です。恋愛と思われていた関係は無意識の親子関係の再現になっていたり、夫（妻）と父母の三角関係に配偶者が引き込まれたりすることになります。嫁姑の問題などもその一例です。

親の影を引きずって妻とつき合っている夫と無意識のうちに親代理をしている妻のかかわりは、期待とイメージの上に成り立っているわけなので、当然ずれていきます。そのずれに気づいたとき、互いに相手と距離をとり始め、理由もわからぬまま新たな三角関係をつくったり、ときには離婚を決心したりすることにもなります。

### (2)原家族の習慣を引きずった三角関係

カップルによっては、それぞれの家族の習慣を配偶者に要求することで混乱に陥ることもあります。たとえば、夫（妻）の出生家族は代々年中行事を大切にし、事あるごとに集まる習慣をもっているのに、配偶者の家族はほとんどそのような習慣がないといった状況です。結婚の初期の頃は、相手の家族に合わせて動いていた妻（夫）もその必要や時間を認めることができなくなると、行動の優先順位で葛藤が起こることになります。それは、夫（妻）にとって情緒的関係が薄くなったことと疑われたり、妻（夫）や妻（夫）の家族にとっては、公平でない関係だと受けとられたりします。

### (3) 原家族の情緒的関係を引きずった三角関係

また、カップルによっては、家族が創り出すムードともいえる情緒的かかわりが異なることで、緊張が高まることもあります。たとえば、妻の家族は穏やかで、互いに相手を動揺させたりけんかをしたりすることがほとんどなく、妻は家族に理解され、支えられて育ちました。結婚後もよく両親に電話をかけ、両家族の様子を知らせ合って過ごしています。ところが夫の家族は、互いの意見や考えをぶつけ合いながらよく議論やけんかをし、また仲直りをして、互いに距離をとりながら一人ひとりを大切にして生活してきました。一見、かかわりが少ないようですが、メンバーは互いのことをよくわかっているので、それほどひんぱんに交流する必要を感じていませんでした。

妻の穏やかなケアの心、夫の明確な自己表現は、互いにとって自分にない特徴であり、魅力でした。それは互いに相手との結婚を決めた動機の一つでもありました。ところが、夫婦や家族、親戚などに問題が生じると、夫にとって妻の穏やかさは「意思表示が不明確で、わかりにくい振る舞い」になり、妻には夫の自己表現は「角が立つ、冷たい態度」とマイナスとして映るようになり、二人のかかわり方が対立します。また、とくに自分の原家族に対しては、自分のように相手にかかわってほしいと思います。その違いはこの夫婦が新しいかかわり方を学ぶ絶好のチャンスでもあるのですが、マイナス面のみがとりあげられると激しい葛藤になります。もちろんこの違いは、子育てにもその他の問題解決にもかかわってきますので、問題は出生家族とのかかわりのみに限定されるわけでもありません。

いずれの問題でセラピーが開始されても、原家族の情緒的かかわりを引きずった三角関係が認識されると、セラピストは二人が結婚する動機であったそれぞれの魅力を思い出すよう勧めます。現在マイナスとして見えているところの裏側は魅力だったのであり、プラスであったことがわかれば、その特徴をともに活かして当面の問題に適した解決法を見つけることが可能になります。また、そのようなかかわりをつくることが、各自が出生家族への情緒的依存から脱して、自分らしくありながら親密な関係を築くことにつながります。それはセラピストの支援の目的になります。

### ⑷機能不全の原家族による三角関係

また、たとえば夫婦の両親が機能不全（たとえば、アルコールや麻薬依存、虐待、離婚など）であった場合、同じような体験をもつ男女が意気投合して結婚を決めることがあります。理不尽な扱いや不安定な状態を抱えながら人と距離をとって生きてきた二人は、ようやく出会った自分を愛し、ケアしてくれる人は救い主です。ときに、二人の結婚は親を完全にシャットアウトし、強度の融合状態をつくって成立します。

ところが、二人関係の安定や心地よい融合は仕事、子育て、過剰な依存関係などにより乱され始め、長続きしないことは、これまで述べた通りです。相手を失うことを怖れる二人は葛藤を避けて互いに距離をとり、不安定さが増すと、互いを批判し始めることになります。孤独と葛藤はかつて二人が自分の親とのかかわりで体験してきたことと同じです。

こんなとき、もしまわりに三角関係化されない仲間や専門家が二人を支えることができれば、関係の修復は可能です。その意味で、カップルは周囲の人々から孤立して二人だけの世界で支え合おうとしたり、遮断によって自分たちを守ろうとしたりすることは問題です。なぜなら、かつて体験した酷い親子関係による三角関係を自分たちだけで見直すことは困難であり、助けがないところでは浮気や親と同じような機能不全に陥ることもあります。逆に、親ではなくても多分野の専門家の支援や仲間関係を得られた人は、自分たち夫婦を含めてコミュニティの中で支え合いながら生きていくことが上手です。

### ⑸浮気、不倫の相手を含む三角関係

夫婦の外側に個人的関係があることは二つの意味をもちます。

一つは、最初に述べた健全な三人組を形成している場合です。この場合は、夫婦関係が開放的で、互いに強いかかわりがあると同時に、自分たちのそばに個人的な友人をもっていることを意味します。二人が距離を置いたり、疎遠になったりすることがあっても、その友人が個々に、そして二人と開放的に話したりかかわったりすることができます。第三者が二人に巻き込まれず、しかし緊張や葛藤が和らぐことで、三人組の関係は安定しています。

ところが、もう一つの関係は、夫婦の一方が配偶者により強い情緒的、性的かかわりを欲していてもそれが満たされず、一方、個人的な関係をもつ第三者が情緒的ニーズや性的関係を望んでいる場合です。いずれの場合も、関係は情緒的ニーズによって揺さぶられ、第三者は情緒的ニーズが満たされていない一方の関係の中に入り込んで、自分の情緒的ニーズを満たすことになります。

このようないわゆる「浮気」による三角関係は、上記の三人組とは異なり関係は開放的ではなく隠されますので、不安定でもあって、いつかは配偶者だけでなく人にも知られることになります。その後、カップル・カウンセリングにくる夫婦もあります。その解決は一筋縄ではいかず、個人の情緒的ニーズや価値観、原家族・友人関係を含む二人を取り巻く環境などによって複雑を極め、何年もかかることがあります。関係が回復し、より強固で健全な二者関係を獲得する場合もありますが、信頼が取り戻せず離婚になる場合もあります。

このほかに個人の症状や問題を主訴としたセラピーの場でも、三角関係が推測されるケースに出会うことはあります。ただ、本人の関心が症状や問題の解決に向いており関係の問題をまったく認識していない

こともあって、子どもを含む三角関係やカップルの三角関係に比べて、三角関係をとりあげることが難しく、支援も困難です。本書のテーマは夫婦関係ですので、個人療法のケースについては省略することにします。

## おわりに

三角関係は、人々の情緒的ニーズを満たし、不安定な関係に一時的な安定をもたらし、その安定は関係を落ち着かせ、活性化させるメリットを秘めた自然発生的関係です。一方、三人組は一人ひとりが情緒的に自立した親密さを他者と結ぶことができるので、他者の情緒的ニーズに巻き込まれず、健全で、柔軟なかかわりをすることができる責任ある関係です。

私たちは、誰もが常に三人組のようなかかわりができるとはかぎりません。家族療法家でさえも自分の家族の問題が生じたときには、ほかの家族療法家の助けを求めるほど、当事者たちが三角関係の問題を見つけ、解決するのは難しいといわれています。また、セラピストのような専門家でも友人・知人・親戚・職場の仲間など身近な人のセラピーを引き受けないのは、三角関係のメカニズムから考えると納得のいくことです。

ただ、私たちは、三角関係の意味と機能、そして病理を知っていれば、関係の問題が生じたときは三角関係を疑うことができます。また、三角関係には第三者として不倫や浮気の相手だけがかかわるわけではなく、不安定な二人組のそばには家族を含めて誰でも引き込まれる可能性がある人がいます。ときに、仕事や趣味、ペットや遠くの外国に居る人が巻き込まれることもあります。三角関係の問題が推測されたら、早期に三角関係化されない第三者（専門家）に相談することを考えましょう。

最後に、トラブルや問題は一人の人によって引き起こされるわけではなく、多くの場合、関係の仕方、かかわり方などの関係性が問題をつくることを覚えておきましょう。夫婦の問題や家族の問題が生じたとき、問題解決を症状や問題行動を起こした人だけに負わせるのではなく、まして自分以外の他者のせいにするのでもなく、自分たちの関係性の問題としてとらえてみようとすることが大切です。

## 引用文献

平木典子・中釜洋子　２００６　家族の心理――家族への理解を深めるために　サイエンス社

カー、ＭＥ＆ボーエン、Ｍ／藤縄　昭・福山和女（監訳）　２００１　家族評価――ボーエンによる家族探求の旅　金剛出版

ナピア、ＡＹ＆ウィタカー、ＣＡ／藤縄　昭（監訳）　１９９０　ブライス家の人々――家族療法の記録　家政教育社

# 第6章

# 夫婦間葛藤をめぐる悪循環

## 自己分化とジェンダーの観点から

野末武義

本章では、カップル・セラピーでは夫婦の葛藤や問題をどのように理解し介入していくかということについて、述べていきたいと思います。まず、夫婦をシステムとして理解するとはどのようなことなのかをまとめ、夫婦関係の中で生じる悪循環を、自己分化やジェンダーの観点から理解し援助する方法について、具体例もあげながら説明したいと思います。

## 1　システムとしての夫婦

カップル・セラピーとは、夫婦の問題を解決するための心理療法です。一般的な一対一の個人療法とは異なり、多くの場合は、夫婦二人が一緒にセラピストと会う夫婦合同面接が行われますが、夫婦二人が一緒に面接を受けること、イコール、カップル・セラピーというわけではありません。面接形態の問題というよりも、夫婦が抱えている葛藤や問題をセラピストがどのような枠組みで理解するのか、そして、どのような変化をめざすのかが重要で、そのベースとなっているのが夫婦をシステムとして理解するという視点です。つまり、たとえ夫婦のどちらか一人だけと面接をするとしても、夫婦間の葛藤や問題を個人の病理やパーソナリティの問題の結果として理解するのではなく、夫婦をお互いに影響を及ぼし合っているシステムとして理解し、二人の関係が変化するように援助すればカップル・セラピーといえます。反対に、夫婦合同面接をしても、セラピストが夫婦をシステムとして理解し介入していなければ、それはカップル・セラピーとはいえず、一対一の個人療法と大きく異なるものではありません。また、カップル・セラピーは、セラピストが受容的共感的態度でかかわるだけでなく、カップルを適切にリードする積極的で能動的な介入の両方をバランスよくとれないと、効果的な援助ができません（O'Hanlon, 2013）。

ここではまず、カップル・セラピーの基盤となる、夫婦をシステムとして理解するということについて、説明をしましょう。

## 1　夫婦をそれぞれ個人として理解する

まず、夫・妻それぞれを夫婦というシステムを構成するより小さなシステム（サブシステムもしくは下位システムといいます）としてとらえ、それぞれを個人として理解する必要があります（図6-1①）。具体的には、夫と妻はパーソナリティ・スタイル、愛着スタイル、認知や思い込み、自尊心、防衛機制、価値観、症状、セラピーへの期待や抵抗など決して同じではありません。たとえば、「パートナーが自分のことを本当に愛してくれているのなら、自分の気持ちや考えは言わなくてもわかってくれるはずだ」という非合理的思い込み（野末　2008）をもっていたとすると、パートナーが自分の気持ちをわかってくれないという体験をしたとき、ひどく落胆したり、あるいは強い怒りを感じたりして、それを不適切な形で表現したり、反対にまったく表現しないことによって、二人の関係にも否定的な影響を及ぼしかねないでしょう。

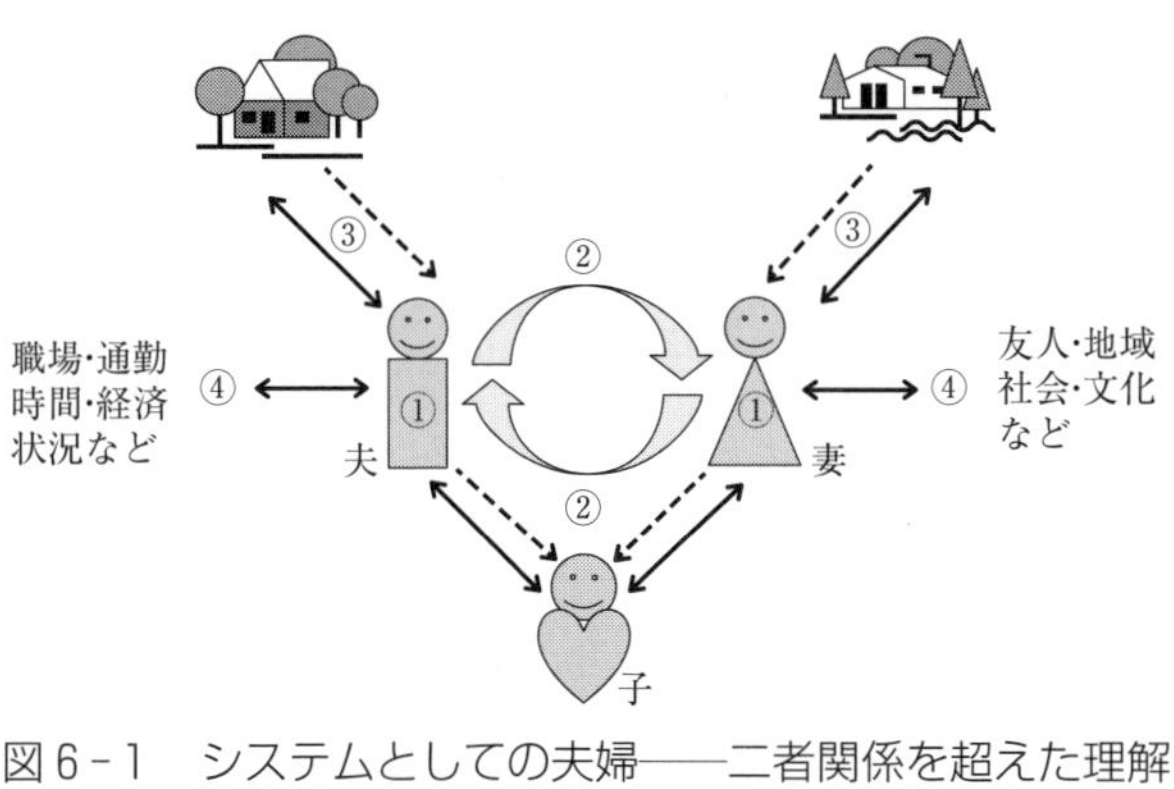


図6-1　システムとしての夫婦――二者関係を超えた理解

このように、夫婦の関係で生じている葛藤や問題を理解しようとするとき、まず二人をそれぞれ異なる個人として理解し、その何が二人の間の葛藤や問題と結びついているのかを理解することが重要です。

## 2 夫婦の相互影響関係を循環的因果律で理解する

通常、葛藤状態にある夫婦は、パートナーの言動が原因で自分に否定的な結果がもたらされたと考えがちです。このように、物事を原因—結果でとらえる見方を直線的因果律といいます。そして、いわば犯人捜しのようになってしまい、お互いに相手が悪いと考えて衝突をくり返すことも少なくありませんし、相手さえ変わってくれれば問題は解決する、言い換えれば、自分は変わる必要はないと思っていたりします。

しかし、カップル・セラピーでは、夫婦の葛藤や問題を二人の相互影響関係によるものとして、循環的因果律で理解します（図6-1②）。ここが一般的な個人療法と大きく異なるところです。つまり、葛藤や問題がどのように維持され強化されるかには、二人が影響を及ぼし合っており、パートナーＡの言動が原因となってパートナーＢに何らかの結果をもたらし、その結果に基づいたＢの言動が原因となって、Ａに結果をもたらし、それが原因となってＢに……と循環しています。

たとえば、妻は「夫が自分の話を聴いてくれない。いつも威圧的で大切にされている感じがしない」と不満を述べ、一方夫は、「仕事から疲れて帰ってきて、愚痴ばかり聞かされても余計にストレスがたまる」と訴えたとしましょう。お互いに自分に対するパートナーの態度を問題にしているわけですが、セラピストはそれぞれの言い分を共感的に理解し積極的に応答します。妻がさみしさや孤独感、そして怒りを抱えていることを受容し、夫に対しても、仕事がどのように大変なのかを具体的に聴き、ねぎらうでしょう。そうしながらも、二人がふだんの生活の中で実際にどのようなやりとりをしているのかを、より細かく具体的に質問していきます。妻は夫に話を聴いてほしいときに何と言うのか、夫は妻に言われてどんなことを感じ考え、そして妻に対して実際に何を言うのか言わないのか、その夫の言動を妻はどのように理解し、どのように行動するのか、そして夫は……というように、二人のやりとりを具体的にイメージできるようにしていきます。

　このようにして二人の相互影響関係が明らかになったら、セラピストは二人がそれぞれ変化するように働きかけていきます。たとえば、もし妻が夫に話を聴いてもらいたいと思ってきたにもかかわらず、そのことを夫にきちんと伝えてこなかったとしたら、面接の中で直接夫に向かって「聴いてほしい」ということを伝えるよう促すでしょう。反対に、夫のその時の様子にまったく配慮することなく、いきなり日中の愚痴をぶつけるようであれば、夫に今話を聴いてもらえるかを確認してから話し始めるようにするようアドバイスするかもしれません。一方夫に対しては、もし疲れていて妻の話を聴けないような状況であれば、そのことを妻の目を見ながら落ち着いた声で伝えるようにアドバイスしたり、妻の話の内容にばかり気をとられないで、妻の気持ちを想像しながら話を聴くことを試してみるよう勧めるでしょう。

　このようにカップル・セラピーでは、どちらか一方が悪者で他方は被害者だというような直線的因果律で夫婦間の葛藤や問題を理解するのではなく、基本的には二人の関係性の問題として循環的因果律で理解し、二人とも変化できるように働きかけていきます。ただし、浮気や暴力の問題を扱う場合は、直線的因果律も取り入れる必要はあります。

　個人療法では、ともするとクライエントは自分から見たパートナーの問題を話し続けることに終始してしまったり、セラピストも会ったこともないクライエントのパートナーの問題ばかりに焦点をあててしまい、二人でパートナーを変えようとするかもしれませんが、それはむしろ逆効果になることが珍しくありません。しかし、カップル・セラピーは多くの場合夫婦合同面接で行われますので、実際の夫婦の関係性を直接目の前で見ることができ、なおかつ両方に対して同時に働きかけ、それぞれの変化を促進することができるという大きなメリットがあります。

## 3 夫婦それぞれの原家族との関係から理解する

夫婦それぞれを個人として理解するうえでも、また、夫婦間の葛藤や問題を理解するうえでも重要なのが、それぞれの原家族との関係です（図6-1③）。原家族（第5章93頁参照）は、夫婦システムよりも上位のシステム（スープラシステム）であり、生まれたときから現在に至るまで、夫婦双方に大きな影響を与えています。

まず、現在夫と妻は原家族とどのような関係なのか、夫婦の葛藤や問題に原家族はどのようにかかわっているのかを明らかにしていきます。たとえば、夫の不倫をきっかけにカップル・セラピーに来た夫婦で、妻側の両親から「まだ若いし子どももいないんだから、早く別れて実家に戻ってきなさい」という連絡が頻繁にきているような場合、それは妻の意志決定や夫婦での話し合いに大きな影響を及ぼすでしょう。夫婦と実家の関係をめぐっては、嫁姑の対立という言葉があるように、従来は夫が実家から心理的に自立していないことが問題としてとりあげられることが多かったと思います。しかし、最近ではそのような問題に加えて、妻と実家との密着した関係によって夫が排除されている事態に遭遇することが珍しくなくなりました。一卵性母娘や友だち親子という言葉もあるように、親子の関係が時代とともに変化してきたことが、夫婦関係にも影響を及ぼしているのです。

次に、二人がそれぞれ原家族の中でどのように育ってきたか、そこで何を体験し何を体験できなかったか、何を受け継いでいるのか、それらがそれぞれの個人としての問題や夫婦間の葛藤や問題とどのように関連しているのかを理解します。たとえば、夫が妻との意見の衝突を避けていつも服従してしまうのは、子どもの頃から両親の激しい口論に傷ついてきて、両親のような夫婦関係にならないで妻と仲良くやっていくには自分が耐えるしかないと思っているからかもしれませんし、自分の子どもには自分が体験したようなつらさを味わわせたくないと思っているからかもしれません。また、そうした夫にいらだちを感じながらも責めずにはいられない妻は、存在感の希薄だった父親の姿を夫に投影しているのかもしれません。このように、現在の夫婦の葛藤や問題に幼い頃からの原家族での体験が強く影響を及ぼしている場合、いったん過去にさかのぼって未解決な葛藤を扱うことが、最終的に現在の夫婦関係を改善することにつながる場合があります。

## 4 夫婦を取り巻く社会システムを視野に入れる

夫婦というシステムは、二人を取り巻くより大きな社会システムからもさまざまな影響を受けています（図6-1④）。職場、友人、地域社会、文化や経済状況などさまざまです。カップル・セラピーで、セラピストはそのような社会システムに直接働きかけるということは通常はしませんが、夫婦間の葛藤や問題にどのような影響を与えているかをとりあげて話し合うことが役立つ場合も少なくありません。

たとえば、子育てに多大なストレスを感じている妻が、ママ友との関係で悩んでいるとき、夫に情緒的なサポートを求めても夫がうまく対応できないということがあるでしょう。妻の話を聴いてもすぐに「こうすべき」とアドバイスをしてしまうような夫に対して、セラピストは、妻のためを思ってアドバイスしていると肯定的な意味づけをしつつ、しかし、それは妻が夫に求めていることと一致しない残念な結果になっていることを指摘し、妻の話をどのように聴き応答するとより効果的かを具体的に教えるでしょう。

また、夫が家事や子育てに積極的にかかわっていないことが問題となってカップル・セラピーを受けに来る夫婦は少なくありませんが、そのような夫の態度に強く影響を与えているものの一つとして、夫の仕事や通勤時間も含めた職場環境があげられるでしょう。そのようなとき、セラピストは夫の仕事について関心をもって丁寧に聴き、さまざまなストレスをねぎらいながらかかわることが重要です。そうすると、それまで妻には語られていなかった夫の仕事の大変な状況が初めて明らかになって、妻の夫に対する理解が深まり、態度にも変化が生じたり、あるいは夫自身がセラピーの場で受容的に理解されたことによって、「もう少し家庭のことにもエネルギーを注がなければならないな」と思い直し、その後妻や子どもに対する態度が変わることがあります。

このように、夫婦が抱えている葛藤や問題は、二人の関係だけ見ていれば理解できるというものではありません。むしろ二人の関係だけに焦点をあてていると、二人の「問題」にばかり目が向いてしまい、家族外の社会生活の中でさまざまなストレスや苦労に対処しながら、一生懸命生きていることを見落としてしまい、適切な援助の妨げになることも少なくないのです。

## 2　堅固な相補性をめぐる夫婦の葛藤

### ——自己分化の観点から

夫婦が抱える葛藤や問題はさまざまですが、多くの夫婦が自分たちだけで解決することが難しいことの一つに、堅固な相補性の問題があります。相補性とは、おしゃべりと物静か、外向的と内向的など、特徴の異なる二人の組み合わせを指すものです。これに対して、二人ともおしゃべりなど、同じような特徴をもっている組み合わせを対称性といいます。通常、カップル・セラピーにもち込まれる夫婦の問題は、対称性よりも相補性をめぐる問題のほうが圧倒的多数を占めます。つまり、夫婦は、パートナーが自分と似ているということで葛藤を感じるわけではなく、自分とは違うあるいは正反対だと感じ、そのことを理解できなかったり対処できなかったりすることで葛藤を感じるのです。実は、夫婦は出会ったときにはお互いに自分とは異なるパートナーの特徴に惹かれていることが多いのですが、次第にその異なる特徴についての意味づけが変化し、お互いに相手が自分に歩み寄ることを期待し、自分自身を変えようとせず、堅固な相補性といわれる悪循環に発展してしまいます。この問題を、「自己分化（Bowen, 1978）」の概念に基づいて考えてみましょう（第7章139頁参照）。

## 1 夫婦の自己分化

私たち人間は感情システム（感情や感覚）と知性システム（思考や論理）から成り立っている生き物です。人はもともとは感情システムの塊としてこの世に生まれてくるのですが、心身の発達に伴ってそこから知性システムが分化してきます。そして、この二つのシステムがどの程度機能的に分化しているかしていないのか、つまり自己分化度には個人差があります。

自己分化度が高ければ高いほど、感情システムと知性システムの両方を使うことができるので、たとえば夫婦関係で葛藤や問題に直面したときでも、自分の気持ちや考えていることを表現したり、パートナーの気持ちや考えを受けとめることができますし、お互いに気持ちをやりとりしながらも、冷静に考えることができます。一方、自己分化度が低いと、どちらか一方のシステムが十分に機能しなかったり、両方のシステムが機能しないため、夫婦関係で葛藤や問題に直面した際に適切な対処が難しくなります。

ボーエンは、夫婦は自己分化度が同じ程度の人をパートナーとして選択すると指摘しています。つまり、自己分化度が高い人は高い人をパートナーとして選択するし、低い人は低い人を選択するということです。そして、感情システムが優位で知性システムが十分に機能しない人と、反対に知性システムが優位で感情システムが十分に機能しない人が夫婦になると、堅固な相補性に悩まされることがしばしば起こります。

## 2 感情と論理をめぐる堅固な相補性

カップルの堅固な相補性について例をあげて説明しましょう。図6-2を見てください。感情システムが優位で知性システムが十分に機能しない人（A子）は、自分の感情や感覚に基づいて話しをするので、論理的に考えることは苦手です。また、パートナーが自分に対して同感や同情を示してくれることを期待します。しかし、自他未分化な心理的世界に生きていて知性システムが十分に機能しないため、二人の間に起こっていることを冷静に見つめて考えたり、自分の言動をふり返ることが苦手です。

一方、知性システムが優位で感情システムが十分に機能しない人（A男）は、論理や理屈に基づいて話しをするので、理路整然と話せるかもしれませんが、自分の気持ちや感覚を把握し表現することが苦手で、それ故にパートナーの気持ちや感覚を共感的に理解し受けとめることも難しくなります。

このような二人が夫婦としての葛藤や問題に直面すると、一方はひたすら自分の感情をパートナーにぶつけ、パートナーが感情を理解してくれることを求めるのですが、ぶつけられたパートナーは感情を理解できず、理屈で相手を打ち負かそうとしたり、自分の正当性を論理的に主張したりします。そして、自分の気持ちを表現したり、パートナーの気持ちを理解することができません。

その結果、（A子）感情的にパートナーに迫る、（A男）理屈で回避する、（A子）感情的に迫る、（A男）理屈で回避する、という悪循環にはまってしまいます。感情システムが優位な人は、パートナーが自分と同じように感情を交えた会話をしてくれることを望み、一方知性システムが優位な人は、パートナーが自分と同じように冷静に考えて論理的に会話をしてくれることを望みます。つまり、お互いに自分は正しくパートナーが間違っていると思っており、パートナーが変化すれば問題は解決すると考えているのです。

しかし、カップル・セラピーでは、二人が変化することをめざします。つまり、セラピストは、感情システムが優位な人に対しては、感情にふり回されずに知性システムがもう少し機能し、冷静に考えられるようになるよう、ただ傾聴するのではなく、時折話を止めて明確化したりします。一方、知性システムが優位な人に対しては、自分の感情に気づき少しずつ表現できるようになるよう、気持ちを尋ねたり、パートナーの感情をもう少し理解できるように、通訳のような役割を果たしたりします。

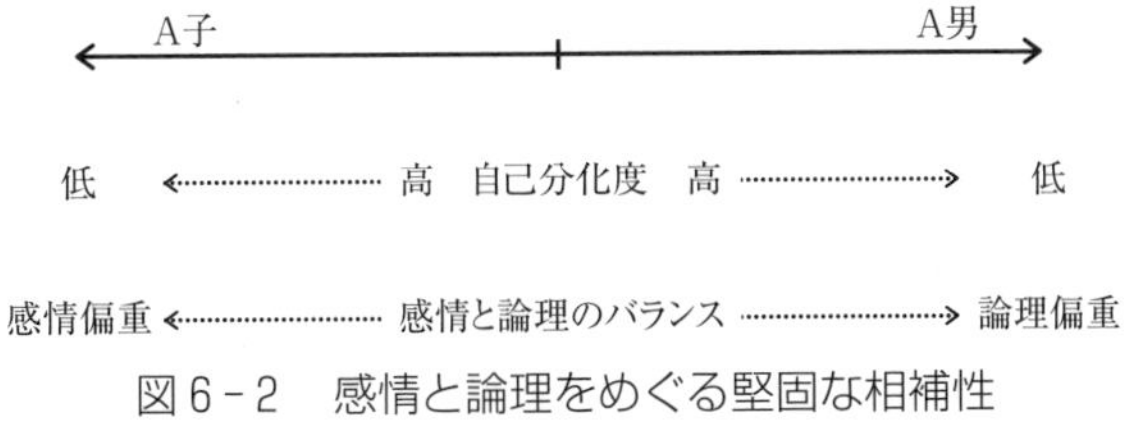

図6－2　感情と論理をめぐる堅固な相補性

## 3 関係性と個別性をめぐる堅固な相補性

図6-3を見てください。自己分化度の低さがもたらすもう一つの問題は、関係性と個別性をめぐる堅

固な相補性です。関係性とは、パートナーとの絆を求める欲求であり、個別性とは、パートナーと離れて自分自身でありたいという欲求です。誰でもこの二つをもっていますが、自己分化度の高い人はこの二つのバランスがとれているために、自分らしくありながらもパートナーと心理的情緒的に近づくことが可能です。しかし、自己分化度が低く感情システムが優位で知性システムが十分に機能しない人は、関係性に偏りがちで（B子）、過度にパートナーとの絆を求めることになり、反対に知性システムが優位で感情システムが十分に機能しない人は、個別性に偏りがちで（B男）、パートナーとの絆を軽視し自分の世界に閉じこもることになります。

　関係性に偏っている人は、常にパートナーと一緒にいたがる、愛情を確認したがる、パートナーとの違いを受け入れられないといった傾向があり、一方個別性に偏っている人は、パートナーと時間や空間を共有しようとしない、パートナーが自分にかかわろうとすることを干渉や束縛と見なすといった傾向があります。そして、関係性に偏っている人は、パートナーがもっと自分との関係にエネルギーを注いでくれることを求め、一方個別性に偏っている人は、パートナーが自分と同じように距離をとってくれることを求めます。ここでもお互いに、自分自身が変化する必要性は感じておらず、パートナーが自分と同じようになってくれれば問題は解決すると考えています。

　カップル・セラピーでは、どちらか一方が正しいということではなく、お互いに歩み寄ることが重要だと考えます。したがって、セラピストは、関係性に偏っている人のパートナーに対する満たされない気持ちを十分共感的に受けとめながらも、夫婦であっても個人と個人であり、お互いの違いを受け入れなけれ

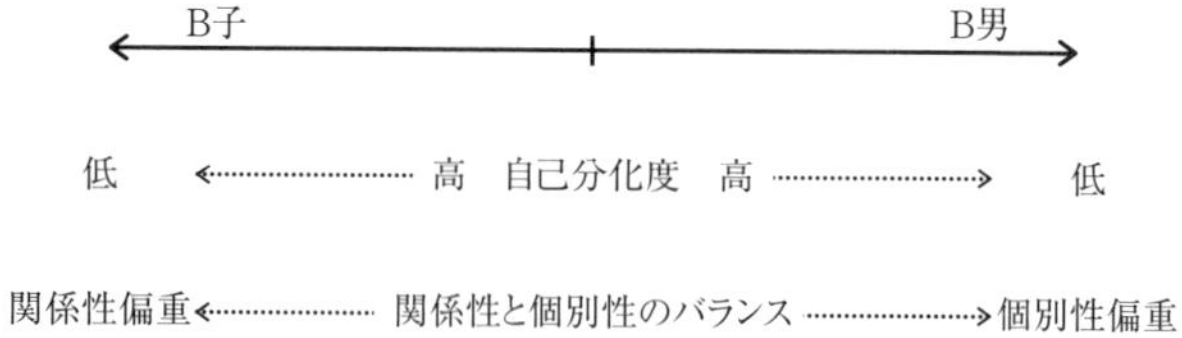

図6－3　関係性と個別性をめぐる堅固な相補性

ばならないときもあることを伝え、パートナーともう少し距離がとれるように働きかけるでしょう。一方、個別性に偏っている人には、個別性に価値を置くことに理解を示しながらも、夫婦としての関係はそれだけでは成り立たないことを伝え、パートナーにもう少し近づけるよう働きかけるでしょう。

## 3　カップル・セラピーからみたジェンダーをめぐる夫婦の葛藤

### ——男らしさの問題をめぐって

夫婦が直面する葛藤や問題の背景に、ジェンダーの問題が絡んでいることは決して珍しくありません。カップル・セラピーには、子育てや家事をめぐる夫婦の衝突、実家との関係をめぐる葛藤、離婚するかしないかの迷い、セックスレス、浮気、暴力など、さまざまな問題が主訴として持ち込まれますが、しばしばその根底にあるジェンダーの問題の一つが、いわゆる「男らしさ」をめぐる問題です。この問題はしばしば妻によって提起され、夫は無自覚であることも珍しくありません。

### 1●男らしさに対する妻のこだわり

夫の側の男らしさに対するこだわりの問題については、今さらとりあげるまでもないと思われるかもしれません。家事や子育ては妻の仕事だからといって積極的にかかわろうとしない、仕事にばかりエネルギーを注ぐ、妻に対する共感的なかかわりの欠如、さらには浮気やアルコール問題、暴力など、現在でも大きな問題であることは確かです。では、男らしさにこだわっているのは夫だけでしょうか。カップル・セラピーで出会うさまざまな年代の妻を見ていると、夫の男らしさへのこだわりに苦労させられている反面、別な側面では半ば無意識のうちに男らしさを求めているということも珍しくありません。

たとえば、カップル・セラピーでこのような妻たちがいました。自分は夫に一日の愚痴を聞いてもらって当然だと思っている30代の妻は、夫が仕事の愚痴を聞いてもらおうとしても「そういうのは女々しいからやめて」と拒絶していました。50代の妻は、「夫には感情がないんです」と不満を語っていましたが、夫が戦争ドキュメンタリーのテレビ番組を見て涙を浮かべているのを見て、「バカらしい」と笑い飛ばしていました。20代後半で年収一千万円以上の夫をもつ20代の妻は、親友の夫のほうが収入が多いといって不満をぶつけ、夫から「もっと経済的に豊かな生活をしたいなら、共働きにしよう」と提案されても、「稼ぐのは男の仕事でしょう」といって譲ろうとしませんでした。

これらの例は、妻の側に「夫は強く頼れる存在であってほしい」「弱さを見せないでほしい」「経済力がある人であってほしい」といった男らしさへのこだわりがあるといえるのではないでしょうか。しかし、このような妻の側の男らしさへのこだわりは、「妻は女性で弱い存在だから、夫に守られなければならない」というジェンダー意識によって合理化され、それによる夫婦関係への否定的な影響が見落とされる危険性があります。

## 2 男らしさをめぐる夫婦の悪循環

このように、男らしさの問題は、夫自身の問題であるのは確かですが、時に妻によって維持され強化されており、二人が逃れられない悪循環に陥ることにつながりかねないのです。

ここである夫婦の事例を簡単に紹介しましょう。30代半ばの夫婦で、子育てに関して二人の意見がしばしば食い違うことがあり、子育て支援センターから紹介されてカップル・セラピーに来ました。共働きで収入もほぼ同等、二人の子どもを保育園に通わせながら、家事は平等に分担していました。一見すると、二人とも平等主義的で現代的な夫婦のように思われました。数回目のセッションで、ある日のエピソードが語られました。要約すると、夫が子どもたちを寝かしつけてから一人でビールを飲み、「ふ〜っ」と大きな溜め息をついたのを聞いて、妻が「そういうのを聞くとこっちまで気が滅入るからやめて。あなたは父親なんだから、もっとしっかりしてよ。男でしょう」と怒鳴ったということです。そう言われて夫は、「確かに男らしくないよな」と自己嫌悪に陥り、いっそう口数が減ったということでした。そのような夫の姿を見て妻はますますイライラして夫に怒りをぶつけ、夫は黙り込むという悪循環が明らかになりました。妻は、夫がなぜそのように大きな溜め息をつくのかには関心がなく、夫に直接確認もしていなかったので、セラピストから何があったのかを尋ねたところ、自分が中心になって進めていたプロジェクトで大きな問題が発生し、多額の損失を出すことになりそうだということが淡々と語られました。

カップルの親密性の要素の一つとして、いたみを分かち合うことがあげられます。ここにあげた夫婦は、互いに男らしさに対するこだわりをもっており、夫は自分が精神的に追い詰められていることを妻に素直に話すことができず、また、妻も弱っている夫の姿を目にすると不安を喚起されるため直視することができず、怒りとして表現していたために、お互いにストレスを抱えたままの状態でいました。夫婦間で楽しいことやうれしいことを共有するのは簡単ですが、つらいことや悲しいことなどいたみを伴う感情を共有するのは容易ではありません。そしてそれは、夫のみならず妻の側の男らしさへのこだわりが障壁となっていることもあるのです。

男らしさへのこだわりは、夫の個人的な問題として理解するだけでなく、職場や日本の伝統的価値観という社会システムの病理から理解する視点も欠かすことはできないでしょう。一方、妻の男らしさに対するこだわりは、日本社会における女性の地位の低さや女性に対する無理解という社会的な問題として理解するだけでなく、妻個人の心理的問題として理解する視点も欠かせないでしょう。つまり、男らしさに対するこだわりという問題が、夫や妻の個人的な課題と社会システムの病理のインターフェイスの中で生じていることを忘れてはならないでしょう。

## 4　夫・父親をどのように理解しかかわるのが効果的か

最後に、近年欧米のカップル・セラピーで注目されているテーマをとりあげておきたいと思います。それは、男性をどのように理解しかかわるかということが、カップル・セラピーの成否を左右する重要な要素であるということです（Shepard & Harway, 2012）。

### 1　見えにくい夫の心

男性の心を理解することがいかに難しいかを示す問題の一つにうつ病があります。自殺と最も関連が強い精神疾患がうつ病ですが、うつ病の有病率は女性のほうが高いにもかかわらず、自殺率は男性のほうが高く、２００５年の統計では男女比が２・７対１です（高橋　２００６）。これは、潜在的にはうつ病であるにもかかわらず、受診していない男性が多数存在することが推測されます。そのことと関連していると思われるのが、男性のうつ病の特徴です。男性は女性とは異なる形でうつを表現することや（Real, 1997）、男性のうつ病患者のなかには、うつ症状が表に出る「うつ病」らしいうつと、うつ病らしくない「男性型うつ」があること（Wexler, 2006）が指摘されています。つまり、多くの男性は自分のつらさや苦しさ、あるいは悲しみといった内面をさらけ出さないのです。

　また、うつの問題にかぎらず、一般的に、男性は女性ほど自らカウンセリングを受けないということも指摘されています（Gilbert & Scher, 1998）。悩みや問題を抱えたとき、女性は他者に相談したり援助を求めるという行動に対して抵抗感が少なく、ストレスを軽減するのが上手ですが、男性は「強くなければならない」「他人に弱みを見せてはならない」といった社会的制約が強く、すべてを一人で抱え込んで解決しようとする傾向があります。

　このような男性の特徴は、男性自身を孤立化させ追い詰めていくだけではありません。パートナーが困っているとき、情緒的なサポートを夫に求めているときでもその必要性を過小評価し、「自分自身で解決すべき」という態度をとってしまい、パートナーを失望させることにつながります。

　さらに、一般的に心理療法では感情の表出が重視されますが、男性は女性ほど感情を表出しない傾向があり、標準的男性の失感情症と呼ばれています（Levant, 1998）。これは、「人前で感情を見せるのは男らしくない」という男性役割の規範が、幼児期から両親をはじめとする周囲から叩き込まれ、失感情症の素地ができあがると考えられています。そして、自分自身の感情に気づきにくく、表現することも難しく、それゆえにパートナーの感情を共感的に理解することができないために、適切に対処できなくなります。また、心理療法で悩みを語ることや感情表現が求められることは、男性にとっては男らしさへの脅威として受けとられ、恥の感覚を引き起こすことにもなります（Wexler, 2009）。

## 2●男性に対する誤解と無理解を超えて

心理療法においてセラピストは、このような男性の特徴を十分理解しておかなければ、さまざまな誤解や誤った介入をしてしまう可能性があります。たとえば、カップル・セラピーに来た夫が、「自分は何も問題だと思っていないが、一緒に来ないと離婚すると妻から言われたので来た」と不満気に語ることがあります。このようなときセラピストは、この夫の発言をどのように理解し応答したらよいでしょうか。恐らく多くのセラピストは、「そうか、この人はセラピーに来たくなかったんだ。抵抗が強くてやりにくいな」と思い、どのような言葉をかけたらよいか迷うでしょう。しかし、たとえセラピーに対する抵抗があるとしても、実際に来所しているということは、100％セラピーに対して否定的だとみなすべきではありません。たとえ本人が意識化していなくても、期待が１％にすぎなかったとしても、それは０％と同じではありません。セラピストは、「一緒に来ないと離婚すると妻から言われたので来た」という発言に注目し、それは夫が困っていることを暗に表現していると理解し、少なくとも妻との関係を維持あるいは修復したいという気持ちは皆無ではないと推測して、「ご自分としては何も問題だと思われていないんですね」「離婚はしたくないと思われているんですね」と、夫がＹｅｓを言えるようなフィードバックを積み重ねることで、徐々に抵抗を弱めていくことが可能になります。

さて、標準的な男性の失感情症について触れましたが、そのような傾向があるから、カップル・セラピーの中で夫や妻の感情を扱っても無駄だということではありません。むしろ、夫が自分自身の感情に気づいたり表現できるようにセラピストが促進すること、さらに妻の感情を理解し受けとめられるように夫に心理教育的にかかわることによって夫が変化すれば、それは夫にとっての成長であるのはもちろんのこと、妻にとっても夫に対する見方の変化をもたらし、二人がより親密になることにつながります。そのような夫の変化をもたらすためには、セラピストにとっていくつかの留意点とポイントがあります。

まず第一に、夫の感情表現を急がないことです。セラピストが「そのとき、どんな気持ちでしたか？」と尋ねても、「よく覚えていませんね」とか「わかりませんね」と答える夫は少なくありません。そんなときセラピストは、「この人は自分の気持ちがわからないし、表現できないんだ」と諦めるのではなく、「たとえばこんな感じですか？　それともこんな感じ？」と選択肢を与えたり、「一般的にそういうときに多くの男性は、心の底ではこんなふうに感じていることが多いですが……」とあえて一般化することによって、夫はより自分の感情に意識を向けやすくなるということがあります。

第二に、妻や子どもの感情を理解できていない夫には、「奥さん（お子さん）の立場に立って、相手の気持ちを考えてみてください」と言っても、そう簡単にはできるものではありません。そのようなとき筆者は、「次のセッションまでに、奥さん（お子さん）の様子をよく観察してみてください。そして、どんなことを考えていると思うか、どんな気持ちでいるかを想像してみてください。次のセッションでは、一つでも二つでもいいので、観察してわかったことを教えてください」とお願いしたりします。そうすると、多くの夫は妻や子どもの気持ちを想像し、少しずつ理解できるようになっていきます。

第三に、感情の中でもとくに怒りを適切に表現できない夫は少なくありませんが、身体的暴力のような激しい怒りは別として、言葉や非言語的な態度で怒りを表現する夫に対しては、怒りについての心理教育が有効な場合があります。つまり、怒りを感じているときは、実はパートナーの言動に傷ついたり困っていたり追い詰められたと感じている可能性があることを伝え、怒りの根底にあるそうした弱い感情のほうを表現するように働きかけるのです。

最後に、夫の仕事や職場の話をすることの重要性を指摘しておきたいと思います。多くの夫は、日頃から家庭や子育てに積極的にかかわっていないので、セラピーの中でそのような話ばかりされても、責められていると感じたり、よくわからない話ばかりされて自分がいるべき場所ではないと感じるようです。夫がセラピーにより積極的に関与しようという気持ちになるためには、ふだんの夫の生活にとって重要な位置を占めている仕事について関心をもち、そこでの苦労や努力をねぎらい、夫が「ここでは自分のことも尊重してもらえる」と実感できるようにすることが重要です。とかく夫は、妻のみならずセラピストからも否定的なレッテルを貼られてしまう可能性がありますが（Worden & Worden, 1998）、安心感・安全感が感じられなければセラピーに対して積極的にかかわろうとは思えないでしょう。夫をどのように理解しかかわれば、夫がより夫婦の関係に関心をもち積極的に取り組もうとすることにつながるのか、私たちはじっくり考えてみる必要があるでしょう。

## 5　変化し続ける夫婦関係

筆者がカップル・セラピーの実践を始めた二十年以上前には、日本の夫婦は夫婦関係の問題そのものを主訴としてセラピーには来ないと思われていました。しかし、現在ではこのようなことはなく、一人でセラピーを受けるのではなく夫婦一緒に受けたいと自ら希望してくるケースも少なくありません。また、妻からの申し込みでカップル・セラピーがスタートすることが今でも大半を占めますが、近年、夫からの申し込みは増加傾向にあります。さらに、夫婦間の暴力や浮気の問題は、これまでもっぱら夫の問題と思われてきましたが、最近では、妻から夫への言語的身体的暴力や、妻の浮気の問題がもち込まれることも増えてきました。

夫婦の関係もそこで生じる問題も、時代や社会の変化に伴って、今後も変化していくことが予測されます。わが国では、まだカップル・セラピーは専門家の間でもマイナー中のマイナーなアプローチですが、一般市民のニーズは急速に増加しているように思われます。カップル・セラピーが夫婦のより親密な結婚生活のために、また、子どもたちの幸福な家庭生活のために、少しでも役に立つことを願ってやみません。

## 引用文献


Bowen, M. 1978 *Family Therapy in Clinical Practice*. New York: Jason Aronson.

Gilbert, L. A. & Scher, M. 1998 *Gender and sex in counseling and psychotherapy*. Boston: Allyn & Bacon.　河野貴代美（訳）　２００４　カウンセリングとジェンダー　新水社

Levant, R. F. 1998 Desperately seeking language: Understanding, assessing, and treating normative male alexithymia. In. W. S. Pollack & R. F. Levant (Eds.) *New psychotherapy for men*. pp. 35-56. New York: John Wiley & Sons.

野末武義　２００８　夫婦関係におけるアサーションの意味　平木典子（編著）　アサーション・トレーニング　至文堂　149-160頁

O'Hanlon, B. 2013 Acknowledgment and possibility: The two cornerstones to successful couples therapy. The Couples Conference 2013 DVD.

Real, T. 1997 *I don't want to talk about it*. New York: Sanford Greenburger Associates, Inc.　吉田まりえ（訳）　２０００　男はプライドの生きものだから　講談社

Shepard, D. S. & Harweay, M. (Eds.) 2012 *Engaging men in couples therapy*. New York: Routledge.

高橋祥友　２００６　自殺予防　岩波新書

Wexler, D. B. 2006 *Is he depressed or what?: Overcoming the secret legacy of male depression*. California: New Harbinger Publications.　山藤奈穂子（監訳）　２０１０　オトコのうつ：イライラし、キレやすく、黙り込む男性のうつを支える女性のためのガイド　星和書店

Wexler, D. B. 2009 *Men in therapy: New approaches for effective treatment*. New York: W. W. Norton & Co.

Worden, M. & Worden, B. D. 1998 *The gender dance in couple therapy*. California: Brooks/Cole.

# 第7章

# 離婚を選ぶ夫婦たち

いかに危機を乗り越えられるか

藤田博康

## はじめに

現実的に、理想の相手と結婚できるケースは稀でしょう。仮にそうだと思ったとしても、じきに相手の嫌なところが見えてくるものですし、そこが良くて結婚を決めたはずの長所が、気に入らなくなってきたりもします。夫婦関係においては、数多くのすれ違いや諍いが必ず起こります。「離婚」や「別居」という言葉が頭をよぎったことのない夫婦は、あったとしても少ないはずです。その意味で、長い年月を配偶者とともに生きてゆくこと自体、大いなる自己実現のかたちであることは間違いないでしょう。

# 1　離婚に至る背景とその要因

## 1● 離婚の増加とその背景

わが国の離婚は、平成14年の約29万組をピークにその後やや減少傾向にありますが、依然として高止まりで（厚生労働省　２０１３）、今や3組に1組近くの夫婦が離婚する時代になっています。また、それを裏づけるかのように、「相手に満足できないときには離婚すればいい」と考える男女は半数以上にのぼっています（内閣府　２００９）。

その背景として、女性の雇用機会の増大や社会保障制度の整備などによる経済的要因、「バツイチ」などの言葉に象徴されるような気軽な離婚観、子育て以降の時期の長期化などのライフサイクルの変化、「男は仕事、女は家事育児」といったかつての性役割分業に対する男女の意識の違いおよび女性の自立志向などがあります（小田切　２００４）。昨今では、離婚はかつてのように忌避的な出来事ではなくなりつつあり、「不幸な結婚生活を続けることは夫婦にとってはもちろん、子どもにとっても好ましいことではない」といった言説のもと、積極的な生き方の選択肢の一つとして語られることが多くなってきました。とくに、フェミニスト的な立場からは、性的役割分業の男女の不均衡、婚姻関係における男性の未熟さや発達不全、そのための女性の満足度の低さなどが一様に指摘されており、親密でも対等でもない夫婦関係の解消は悲劇ではなく、離婚は自己実現のための一つの有力な手段であるという論調もみられます。確かに新聞の人生相談欄一つをとっても、相も変わらず夫の異性関係、ＤＶ、実家との癒着等に悩む妻からの相談が後を絶ちません。

## 2 離婚の迷い

しかし、実際、離婚はそう簡単なことではありません。離婚を決断した人の大半が、挫折感や不安、絶望、抑うつ状態などの情緒的混乱を体験していますし（Hetherinton, 1989）、その後長い年月を経ても何らかの心理的・身体的症状を抱え続ける者が少なくありません（Wallerstein et al., 2000）。

また、離婚による一人親家庭は離婚前よりも経済的に苦しくなるケースがほとんどですし、さらに、子どもの心理面に与える影響は長期的で深刻であるということも示されています（Wallerstein & Blakeslee, 2003）。そもそも、離婚そのものが穏やかになされることはむしろ例外的ですし、さまざまなしがらみや紛争が長引くこともあります。だからこそ、なかなか離婚にふみ切れず、葛藤や苦悩を抱えながら長い期間を過ごしたり、心理的に隔たりのある相手とかたちだけの家族を維持したりというカップルが少なくありません（藤田　２００９）。

すなわち離婚の危機にある夫婦は、それぞれが相手とともに暮らすことの苦痛と、離婚に伴う苦痛との強い回避—回避葛藤の最中にあるといえます。そのなかで人はどうして、どのように離婚を選んでゆくのか、その結果はどうであるのかなどについて、考えてみたいと思います。

## 3 離婚の理由

まず、離婚の理由を統計でみてみましょう。司法統計年報によれば、家庭裁判所への調停離婚の申立ての理由は、夫側が①性格が合わない、②異性関係、③家族親族と折り合いが悪い、④異常性格、⑤浪費する、妻側が①性格が合わない、②暴力を振るう、③異性関係、④精神的に虐待する、⑤生活費を渡さない、となっています（最高裁判所　２０１２）。

このデータは、全離婚数の約1割にあたる調停離婚という特殊なものではありますが、ここからは、「性格が合わない」ということが大半の夫婦の離婚理由であり、「異性関係」が男女を問わず高率で出現していることなどが明らかです。また、暴力や精神的虐待などという妻側からの訴えからは、夫の支配的、自己中心的な振る舞いが離婚を招いているという見方や、「家族親族との折り合いが悪い」という夫側からの訴えからは、旧来の性役割分業に根ざした夫と妻の対等でない関係のありようが影響しているといった解釈も可能でしょう。この点、夫が妻の意見を聞き入れない夫婦は、そうではない夫婦より4倍も離婚率が高いといった報告もあり（Gottman & Silver, 1999）、男性の婚姻関係における「発達不全（柏木　2

００６)」といった問題が確かにあると思います。

ただし、実際に家裁離婚ケースや夫婦カウンセリングケースに関与してみると、妻のほうが夫よりもはるかに勢いが強く、支配的に振る舞ったり、感情的でまったくとりつくしまがなかったり、異性関係から子どもや家族を顧みなくなったり、暴力を振るい夫がそれに耐えているなどというケースも決して稀ではありません。この点、離婚ケース上にかぎれば、男性は必ずしも女性に優位する存在ではないとの見方もあります（山野　１９８７）。そもそも、夫は妻からのDVとか精神的虐待などといった訴えはあまりせず、その分、「性格が合わない」とか「異常性格」などといった主張が多くなりますから、この表面にあがった理由だけで夫婦の関係性や問題の本質を見立てるのは危険でもあります。

## ４●さまざまな要因が相互連関するプロセスとしての離婚

とくに、紛争性が高い家事調停における離婚理由は、相手を説得しやり込め、自分の気持ちを定めるための主張や訴えとして、ジェンダー等の観点もふまえて効果的に直裁に語られます。しかし、離婚の理由は決して一つの原因に帰することはできません。離婚はすべからく、さまざまな要因が相互に影響し合っている一連のプロセスです。

現代は多くの男女が「精神的安らぎの場」を結婚に求めますが、その期待がうまくかなわず、いわば「甘え」のこじれが、悪循環的にコミュニケーションを悪化させ、「異性関係」や「暴力」、「精神的虐待」などといったことを招いてしまうようなことがしばしばあります。また、そこにはそれぞれの原家族から持ち越してきた未解決の問題や、性格的要因、状況的要因、社会的風潮などさまざまな事柄が輻輳的に絡んできます。

結婚の継続に踏みとどまるためにも、離婚を決断するためにも、離婚後の人生の再構築のためにも、そして、離婚・夫婦問題に介入する専門家も含めて、さまざまな要因が絡みあって離婚に至ることをしっかりわきまえている必要があります。逆に、一つのスローガン的な言い分を前面に押し出しての離婚は、そのような「現実」を覆い隠してしまいがちでその後の新たな再出発への適応に苦しむことになる可能性が高まります。

## 2 離婚への分かれ道

### 1 夫婦カップル関係をめぐる循環プロセスモデル

以上のような背景からわかるように、離婚を夫婦の循環的な相互作用から考えてみることが大切です。夫婦は、もともと原家族（第5章93頁参照）も、気質や性格も、育った環境も、価値観も違うのですから、二人の間に種々のすれ違いや軋轢が生じることは必然です。それを前提としたうえで、離婚の方向に進むのか、関係修復の方向に行くのかを考えられるモデルを参考にすることがよいだろうと思います。

ここでは、夫婦関係をめぐる循環プロセスモデルをみてみましょう（Dym & Glen, 1993）。夫婦関係に生じるプロセスは、ａ相手との相補的一体感によって自己が拡大したような体験をするような良好な関係期である「拡大・保証」期　⇓　ｂ相互に裏切られたように感じて関係から引きこもりがちになる「縮小・背信」期　⇓　cそれを乗り越え、関係が回復されてゆく「和解」期　⇓　d再び「拡大・保証」期に戻る循環の連続ととらえられています。これにヒントを得て、離婚に至る夫婦とそうではない夫婦の違いについて考えてみます。

どんな夫婦でも円滑で良好な関係（a）がずっと続くわけではなく、夫婦間のすれ違いや葛藤に苦しんだり、問題が起きたりする時期（b）が訪れますが、二人の間の自助作用でそれが修復され（c）、再び関係良好な時期（d）に至るということを循環的に繰り返しています。したがって、長続きする夫婦というのは、「縮小・背信」期であるbの時期が耐え難いほど深刻になることはなく、二人の間で自発的にその修復がなされ、その循環を繰り返すごとに、つまり年を経るにつれ、その揺れ幅が穏やかになってゆくというプロセスがあるといえるでしょう。

逆に、離婚に至ってしまう夫婦は、「縮小・背信」が耐え難いほど深刻であるか、当初はそれほど深刻なものではなかったとしても、その後の修復が不十分で、それが繰り返されていくたびに、互いへの嫌悪感や不信感が積もり積もってゆき、あるとき限界を超えてしまう、ということになります。

## 2 夫婦のコミュニケーションの悪循環

さて、「縮小・背信」がひどく比較的短期間に深刻な状況に陥ってしまうというのは、何か明確なきっかけがある場合が多いので、まずは、一般的によくある、結婚当初はすれ違いや葛藤が深刻ではなかったのにしだいに耐え難くなっていった場合を考えてみましょう。この場合、典型的なのは、夫婦や家族にとって避けられない種々の問題やすれ違いや軋轢をめぐっての夫婦間の日常のやりとりが、どこかで歯車が狂いだして、小さな傷が回復する前に別の傷が生じたり、あるいは、かさぶたを無理に剝ぎ取ってしまったりして拗れてしまい、自力では関係修復が困難になってしまっているケースです。協議離婚ケースや夫婦カウンセリングに来談するカップルの多くが、この問題を抱えています。以下、この悪循環的な関係のこじれのからくりをさまざまな臨床実践のケースから、探ってみましょう。

### ⑴結婚生活への期待と蜜月期

すべてのカップルは結婚を意識する前後から、結婚生活や配偶者に対して、それぞれがさまざまな期待や欲求を抱きます。心理的情緒的安定や経済的安定、性的欲求の充足、子どもをもちたいという欲求などです。とくに、現代は経済的なニーズは相対的に薄れ、情緒的心理的な「癒し」に対するニーズが強くなっています。

その期待や欲求は、それぞれがはっきりと意識して相手に期待し求めているわかりやすいレベルのものもあれば、本人が心のうちで抱えてはいるものの、恥や不安などでなかなかはっきりとは口にできないレベルのもの、さらには、自分でも気づいていない願望やコンプレックスなどに深くかかわっており、本人にも意識できていないレベルの欲求など、さまざまな水準があります（Sager, 1981）。

たとえば、結婚相手に「甘えたい」とか「依存したい」などという欲求は、ほとんどの人がもつ欲求ですが、これを相手に直接求めてゆくには躊躇があり、なかなかはっきりとは口にできなかったり、あるいは本人にも意識さえできなかったりする欲求の最たるものかもしれません。ともかく、その後の男女のかかわり合いは、当事者に意識されているにせよ、そうではないにせよ、それらの期待や欲求に濃く色づけられることになります。

新婚前後は、互いに相手からの好意をつかんで濃密な関係を築こうとする動因が働きます。つまり、相手にとって魅力的な自分であろう、そんな自分を提示しようという思いが強くなるのが普通ですから、相手の期待や欲求に沿おうとするコミュニケーションややりとりが多くなります。たとえば、「男性は仕事、女性は家」という性役割分業観に反対の女性でさえも、家事を大切にする女性像を提示する傾向が強くなったりします。総じて、相手と自分の違いなど意に介すことなく、相手の「あばた」も「えくぼ」に見える、いわゆる「蜜月期」を過ごします。

配偶者選択においては自分が育った原家族の影響を強く受けます。たとえば、原家族で満たされなかった愛情やケアなどを、結婚により埋め合わせようとする期待や欲求が強いカップルはその一例ですが、相手の問題や欠点をことさら見ないようになり、二人だけの閉鎖的な世界へ突き進んでしまうことがあります。また、それが深刻であるかどうかは別として、自分の何らかの外傷体験の癒しのために相手を必要としているということもあったりします。たとえば、いじめの被害の体験ゆえ自尊心が深く傷ついていたり、社会への怖さを抱いていたりする人が、配偶者との関係のみに自分の「居場所」や「安心感」を感じられたりするなどです。

この「蜜月期」の二人の緊密性は、情緒的心理的な絆というニーズを強く満たしてくれますので、その後の長い結婚生活を支える大きな原動力になることは間違いありません。この時期の、互いの性的欲求に基づくエロス的一体感はその最たるものです。互いの、あるいはどちらかのコンプレックスや生理的身体的事情、特定の思想などにより、当初からセックスレスであったり、性的交流が非常に少ない夫婦がときにありますが、これはその後起こるさまざまな夫婦間の葛藤を乗り切るうえで、当初からハンデを負っていることになります。また、早い時期にどちらかの婚（約）外性的関係があった場合なども、夫婦のエロス的一体感にひびが入り、その後複雑な影響を及ぼしますので、同様に大きなハンデです。その他、若年層の「できちゃった婚」、不本意な結婚、そもそも愛情に乏しい結婚なども、「蜜月期」の不充実さから、離婚のリスクは高まります。極端な例では、結婚式や新婚旅行直後に、一方が実家に引きこもったりするケースがありますが、このような場合、前途はかなり厳しいものです。

### (2)親密さのパラドクス

どんな夫婦においてもこの蜜月期は長くは続かず、次第に互いの素顔や考え方の違いが明らかになってきます。そして、今までは比較的満たされていた欲求や期待がかなわなくなることが増えていきます。それは、二人にとってのストレス体験ですが、加えてそこに家族関係の移行や変化である「家族ライフサイクル」上のストレスが重なっていきます。たとえば、第一子が産まれた夫婦の七割近くは、結婚生活に不満を覚えるようになるというデータがあります。（Gottman & Silver, 1999）。子どもが産まれると、子育ての負担や生活形態の変化などから、夫婦それぞれの相手への期待や欲求が急激に高まるにもかかわらず、逆に満たされにくい状況にもなります。したがって、夫婦は互いに協力してゆこうとする姿勢をもちながらも、一方で、相手に頼れなかったり、甘えられなかったりする事態を自分なりに受けとめるという必要性に迫られます。つまり、夫婦は、自分を犠牲にすることなく自分らしさを大切にしたうえで、しかも、相手を自分のいいように変えようとか説得しようなどという過大な要求を抱かずに、互いに相手のありようを認め合えるという「親密性（Lerner, 1994）」を築かなくてはならないのです。これは、「親密さのパラドクス（Williamson, 1991）」とも呼ばれ、相矛盾する作業ですから決して簡単なことではなく、夫妻それぞれの「心の成熟性」や「自立性」が試されることになります。

### (3)相手に情緒的ケアを期待するタイミングのズレ

この「親密性」は、なにも結婚後間もない時期や子の出生の時期にかぎらず、結婚生活のすべての時期、すべての局面で試されることです。さらに難しいのは、夫婦の片方だけが、このような意味での自立的、相互尊重的な「親密性」を築くことを意識してもうまくいくとはかぎらず、逆に、他方がさみしさや見捨てられ感や裏切られ感などを抱いてしまい、関係がむしろ拗れてしまうことがあったりします。

できるならば、夫婦双方がこの意識を同じ時期にもてればいいのでしょうが、なかなかそうはならないものです。夫婦のおのおのが相手に頼りたい、ケアされたいと思う時期やその程度、逆に相手から自立的に過ごしたいと思う時期やその程度は、一致しないことが普通だからです。妻が子育てで苦しいときに夫が仕事に専心していたり、夫が元気のないときに妻が大事なキャリアアップのチャンスであったり、親の介護や子どもの問題が起こったときに、他方が別のことでまったく余裕がなくなっていたりなどと、それぞれが相手からの情緒的ケアを必要とするときと、自分自身のためにエネルギーを使いたいタイミングとがうまくかみ合わないのです。人生上、身近な誰かに頼りたい、甘えたいと思うような状況は、幾度となく訪れますが、その想いやＳＯＳが相手から汲み取られなかったり、関心がもたれなかったり、無視されてしまったりすることがしばしばあるのです。

そんなことが何度か繰り返されると、私たちは相手を責めてしまったり、追い込んでしまったり、逆に甘えたい気持ちを抑え込んで、相手をことさら無視したり、会話が一切なくなったり、まったく相手に頼らなくなったりしがちです。また、その反動として、仕事やボランティアにのめり込むようになったり、子どもと密着して過保護になったり、受験やＰＴＡ活動に専心したり、実家の親を味方に引き入れたり、ときに異性関係に走ったりもしてしまいます。このような、夫婦二者関係の拗れに対し第三者を巻き込んで心の安定を図ろうとする「三角関係化（Bowen, 1978）」（第5章84頁参照）は、家族関係不全の典型とされています。いずれにしても、そもそも相手に甘えたい、ケアされたいという想いが拗れていった結果であり、またそれに伴う自分のさみしさや苦しさへの対処行動でもあるのですが、当初の思惑とは逆に二人の溝はどんどん深まっていってしまいます。これこそが、多くの離婚ケースで起きているコミュニケーションの悪循環です。つまり、離婚の危機は、根っから悪気があるとか、もとから性格が合わないというよりも、タイミングの悪さとか、めぐり合わせの悪さの拗れであることが、多いのです。

### ⑷コミュニケーションの悪循環から深刻な不和へ

とくにわが国の夫婦や家族は、情緒的一体感を重視し、自分と相手の個別性や分離が重要なことを認識しないきらいがあります。そして相手との「つながり」や一体感のなかで、甘えを許し合う雰囲気が個の存在に優先していることが特徴です（山野　１９８７）。そこで、相手に素直に甘えられないときに、すねる、ひがむ、ひねくれる、恨むなどの心理になりやすく（土居　１９７１）、それが拗れてしまうと、相手に対する怒りや憤り、人格否定、かたくなな意地、恨みなどにつながっていきがちです。

そうなると、それまでは見逃せていた互いの違いへの耐性が低くなり、日常の何でもないやりとりや、相手のやること為すことすべてに、敵意や疑いや嫌悪感を抱くようになってしまい、日常会話のはしばしに否定や嫌味やあてこすりや反発が忍び寄ってきます。たとえば、ちょっとした頼みごとを相手からの嫌がらせと受け取ったり、会話の聞き逃しを故意の無視と腹を立てたり、仕事上のストレスもすべて配偶者によるストレスと思ってしまったり、しまいには、箸の上げ下ろしの仕方まで気に入らなくなったりなど、枚挙に暇がありません。当然、相手もそれに反応しますから、嫌味や責め口調の応酬になったり、逆に関係から引きこもろうとしたり、それをまた執拗に追い詰めたりなどと雪だるま式に関係が悪化してゆきます。この点、長年にわたって夫婦関係の研究を行ってきたJ・ガットマン（Gottman & Silver, 1999）は、わずか五分足らずの問題解決場面の夫婦のコミュニケーションを観察するだけで、九割以上のカップルの将来の離婚を予測できると述べています。具体的には、相手のある行動に対する不満を相手の人格への中傷に結びつけてしまうような「相手への非難（中傷）」、相手のことを皮肉ってばかにしたり、相手の話をことさら無視したりさげすんだりする「侮辱（無視）」、自分の責任を逃れて言い訳ばかりを繰り返す「自己弁護」、相手と向き合ったり顔を合わせたりすることを避けてしまう「逃避」などのやりとりが顕著に見られ、生理的反応や苛立ちや興奮などのボディーランゲージもその指標になるといいます。

そのような悪循環コミュニケーションのなかでは、過去の出来事も否定的な記憶に置き換えられ、やむなく結婚したのだとか、これまで相手の親の対応にひどく傷つけられてきたとか、不快な思い出ばかりがクローズアップされてしまいます。

さらに、かつて自分が本当に困ったとき、たとえば、子育てで大変だったとき、仕事が苦しかったとき、病気で不調になったとき、親の介護で追い込まれていたとき、まったく助けてもらえなかった、自分ひとりだけで耐えてきたという「恨み」が根雪のように残ります。そして、立場が逆転して相手が苦境に陥ったときには、無視したりやり込めたりしてその恨みを晴らそうとしたりします。この「自分が苦しんでいるときに相手が助けてくれなかった」という思いは、離婚を決断する決定的理由になることが多いようです。パートナーどちらかの「危機」に対して虚心に助け合える夫婦には、まず離婚はありません。

時に、夫婦のどちらかから少しは自分が譲ろうとか、相手の言い分を斟酌しようなどといった関係改善に向けた試みやサイン（関係修復に向けての働きかけ）が出されることがしばしばあるのですが、これもタイミングが悪いと、逆に自分の正当性を主張したり、やり込めたりする標的にされてしまい、いっそう対立や無力感が深刻になってしまうということもしばしば起こります。このような拗れた関係になってしまうと、もう自助努力による修復はほとんど不可能になります。

### (5) 危機からの分かれ道

#### イ　協議離婚に至るケース

自助努力による関係修復が不可能になり、夫婦それぞれの結婚生活へのコミットメント意欲がなくなると、協議離婚という選択肢をとることになります。離婚した夫婦はそれぞれの喪失体験を抱えながら、別々の道を歩んでゆくことになりますが、離婚の決断を意義あるものにするためには、自分の来し方をしっかりと見つめ直し、子どもの養育など離婚に伴うさまざまな責任を引き受けて、前途多難な中にあっても新たな生き方を再統合してゆく姿勢と覚悟が必要となります。しかし、これは苦しく困難なことですから、離婚後も心身の不調が長引くケースが少なくありません。

#### ロ　カウンセリングを求めるケース

近年は、わが国でも家族・夫婦カウンセリングに対する敷居が低くなってきており、離婚を視野に入れながらも、関係修復のために、あるいは子どものためにカウンセリングを求めてくる夫婦もあります。不和の期間が十年来の長期にわたっておらず、婚外異性関係がないケースであれば、夫婦カウンセリングによる関係改善の可能性はかなり高いといえます。その場合、悪循環による関係悪化のメカニズムやその背景にある要因を多角的に見立てることができ、効果的な援助のスキルと経験をもった家族療法家が関与することが必要です。

一方、個人カウンセリングの場合は、カウンセラーが夫婦間のわだかまりや否定的認知を強化してしまったり、対立関係に巻き込まれてしまったりして、むしろ離婚の可能性を高めてしまうといったことが少なからず起こりますので、注意が必要です。

### ハ　子どもの問題などが生じるケース

夫婦関係が悪化すると、子どもの行動上の問題や精神的症状が顕在化することが少なくありません。それが離婚の決断の後押しになる夫婦もあれば、いったんは休戦状態になる夫婦、さらには、我に返り、意を決して家族関係を立て直してゆこうとする夫婦もまたあります。この際にも、自助努力には限界がある場合が多いため、家族療法がおおいに助けとなります。

### ニ　経済的安定や家族の形態維持を優先して葛藤に耐え続けるケース

いわゆる家庭内別居や一部の熟年離婚ケースなどが、これにあてはまります。総じて、夫の社会的地位や収入が高いケースが多いようです。こうした形骸化した不自然な夫婦関係の中では、さまざまな三角関係化や、夫婦が子どもを介してコミュニケーションを維持する「迂回連合」、子どもが親に過度な気遣いや心配をしたり、あたかも親の親であるかのように振る舞う「親役割代行」といった不健全な状態に陥りやすくなります。

### ホ　家庭裁判所に調停が申し立てられるケース

夫婦の一方が離婚を強く望み、他方がそうではない場合は、調停が申し立てられることになります。また、離婚には合意していても子どもの親権者、あるいは財産分与や慰謝料、養育費で折り合いがつかないといった場合も同様です。調停はあくまでも両者の話し合いと合意によるものですが、そもそも話し合いが難しい当事者にとっては、家裁での調停は「争い」同然で、事後になんらかのしこりを残してしまうことも少なくありません。

申し立ての動機はいろいろです。ある種の駆け引きや主導権をとろうとする意図があったり、互いに譲らない意地の張り合いであったり、恨みや憤怒を募らせた結果であったり、破綻した関係にさえもしがみつかざるをえない脆弱性などが絡んでいたりなどです。そのような事情をふまえて、家庭裁判所では必要に応じて、家族関係や人間関係のもつれの見立て・介入の専門家である家庭裁判所調査官が関与する制度が整えられています。

## 3　「縮小・背信」への落差が深刻な場合

決定的な異性関係や顕著な暴力、虐待など深刻な出来事があった場合には、それだけで、「縮小・背信」への転落が大きく、関係修復が相当難しくなります。この場合、その事実が消えるということはありませんから、そのうえで、結婚生活を継続するかどうかの自己決定を迫られます。また、そうした問題が生じる背景には、多くの場合、相手の性格的な特異性や原家族に由来する根深い問題などが絡んできますから、いったん離婚が意識されると、再度、関係を修復しようという意欲はほとんど失われます。民法770条には、配偶者の不貞、暴力などの悪意の遺棄、回復の見込みのない強度の精神病などが、裁判離婚の条件にあげられていますが、それらの事象が結婚生活上、耐え難いものであることが前提とされているということでしょう。

したがって、離婚後の夫婦が現実を直視したうえで、各人がいかに自分なりの成長を成しとげ新たな生き方に開かれていくか、そして何よりも子どもへの悪影響を最小限に抑えられるかなどが援助の焦点になります。しかしながら、離婚される側が現実を受け入れられず、自殺（未遂）や自傷、暴力行為、ストーカー的なつきまとい、その他、子どもや双方の実家を巻き込んでの深刻な紛争などが起こりやすい状況でもあります。

## 3 「自己分化」という観点から

最後に、「自己分化（Bowen, 1978）」という観点から、離婚について考えてみたいと思います（第6章109頁参照）。

自己分化とは、私たちが情緒的にも知性的にも多様な機能を細やかに働かせられるようになる内的プロセスです。その度合いが低い場合には、情緒と知性が融合してしまうため感情的に振る舞いやすく、対人関係において過度に依存的になったり、周囲を感情的に巻き込んだり巻き込まれやすくなったり、逆に相手を一方的に排斥してしまったりします。他方、自己分化度の高い人は、情緒的に豊かであると同時に知性をバランスよく機能させることができ、自立的で場に応じた感情コントロールに優れているという特徴があります。ですから、対人関係においても情緒的結びつきと自立的な言動のバランスがとれており、柔軟に対応できるのです。つまり、自己分化度の高さは、家族などの対人関係における心の成熟度とも、自立性の度合いとも、親密的な関係の築きやすさともいえるものです。

したがって、まず、自己分化度の高い夫婦よりも、低い夫婦のほうが離婚の危機は生じやすくなります。そして、低ければ低いほど混乱や紛争が深刻になり、離婚の悪影響が長引きます。また、M・ボーエンによれば、自己分化度は世代を越えて伝達され、人は自分と同じ程度の自己分化度の配偶者を選びやすいとされますから、ある家系では次々と離婚が繰り返されることになります。そのような離婚が建設的な再出発につながることは少ないのですが、自己分化度が相当に低い夫婦は、そもそも結婚生活自体に問題が蔓延していますから、一概にそこにふみとどまればよいともいえず難しいところです。実際、そのような夫婦は援助ニーズが相当に高いのですが、家族カウンセリングはもちろん家庭裁判所の調停手続きにものらないことが少なくありません。しばしば、家族間暴力や経済的困窮、非行、犯罪などを通じて、福祉機関や司法機関の援助を受けることになります。しかし、当事者らには離婚や異性関係などは相対的に瑣末な問題として認知されがちです。このような離婚をめぐる現実やその犠牲になっている子どもたちの数は、無視できるほど少数ではありません。私たちはあらためてこの問題をしっかりと考えてみる必要があると思います。

また、いずれにしても、夫婦関係の修復のプロセスを有効に機能させ、良好な結婚生活を長続きさせるためには、互いが関係上の困難に対処したり乗り越えたりしてゆくことを通じて、自己分化を高めてゆく努力が必要ということになります。実際は、当初から夫婦の自己分化度に差があるとか、結婚生活を通じて一方の自己分化度が高まり、他方のそれが相対的に低くなるというケースも少なくありません。このような場合、離婚を切り出した自己分化の高い側の配偶者は、離婚により自分らしさを取り戻し、新たな人生を前向きに生きていくようになるケースが一般的です。逆に、自己分化度が低い配偶者のほうから離婚が主張されるケースもありますが、そこには、相手を巻き込むための駆け引きであったり、現実から目を背けて過度に他罰的になっていたり、自分の甘えを満たしてくれない相手を排斥してしまったりなどという心理が働いていますので、離婚がさらなる不幸を招いてしまうということになりがちです。

つまり、良好な結婚生活を維持してゆくためにも、離婚を通じての自己実現を成しとげるためにも、自己分化を高めてゆく努力を放棄してはならないといえましょう。

## 4　いかに危機を乗り越えられるか？

たとえ結婚に満足している夫婦であっても、互いの性格や興味や価値観には大きな違いがあり、家計、仕事、子ども、家事、性生活、互いの原家族の問題などについて多くの口論や衝突があり、それは離婚する夫婦と同等程度であるとの研究結果があります（Gottman & Silver, 1999）。そのうえで、夫婦間の問題の多くは二人の育ちや原家族、それまでのライフスタイルや性格などの違いという根本的なものに根ざしており、実は夫婦間で解決できないものが多く、良好な夫婦関係の維持には、問題をそれ以上大きくしないような心がけが非常に大切です。つまり、夫婦が離婚してしまうか否かは、その修復（「和解」）のプロセスがうまく機能するかどうかにかかっており、そのためには夫婦が共同生活者として互いに尊敬や喜びを分かち合えるような友愛性（友情のような関係）をもてることが大切になってきます。それには毎日の小さなやりとりのなかで相手への気遣いを示し、相手のよい面を認めてそれを伝え、相手の不十分な点や弱いところに寛大であろうとする心がけをもつことが決め手となります。

夫婦間の問題の介入援助においても、まず何よりもコミュニケーション悪化の悪循環を食いとめ、夫婦の友愛性を取り戻すことが、深刻な危機を防いだり、乗り越えるために非常に大切なことです。この点で夫婦療法が効果的なのは、カウンセラーが夫婦のコミュニケーションの悪循環を的確に把握し、即時的かつ積極的に介入すると同時に、互いの関係修復に向けての働きかけが有効に機能するように配慮するためであり、さらにそのうえで必要に応じて、夫婦それぞれの苦悩や感情のもつれに対処したり、問題を深刻化してしまう考え方や言動に働きかけたり、自己分化や原家族との関係などの個人的要素が強い側面に介入するといった多次元的、統合的なアプローチがなされるからです。そのような働きかけも結果的に二人が友愛的かかわりを取り戻し、自助努力による修復機能を回復させることを最終的な目的とした援助であるといえるでしょう。

とはいえ、夫婦の少なくともどちらか一方が、相手のありようや自分との価値観の違いをどうしても受け入れがたかったり、ともに暮らすことがひどく苦痛だったり、自分が自分らしく生きられなかったりするとしたら、離婚という決断ももちろんあってよいことです。

あまり幸せではない結婚生活も、結果としての離婚という選択も、その背景にはいろいろな要因が絡んでいて、めぐり合わせの運、不運があり、個人ひとりの責任には帰せません。しかし、自分の身に起こったことは誰も身代わりにはなってくれません。したがって、悲しみとともに現実を引き受けてゆくしかありません。離婚を通じて自分らしさを取り戻し、新たな人生に開かれていった人は、そのような意味での人生の責任をしっかりと引き受けていった人たちです。

### 引用・参考文献


Bowen, M. 1978 *Family therapy in clinical practice.* New York: Jason Aronson.

土居健郎　１９７１　甘えの構造　弘文堂

Dym, B. & Glen, M. L. 1993 *Couples: Exploring and understanding the cycle of intimate relationship.* UK: Harper Collins.

藤田博康　２００９　夫婦間葛藤と家族のストレス　日本家族心理学会（編）　家族のストレス　家族心理学年報　**27**　94-104頁

Gottman, J. & Silver, N. 1999 *The seven principles for making marriage work.* New York: Brockman. 松浦秀明（訳） ２００７ 結婚生活を成功させる七つの原則 第三文明社

Hetherinton, E. M. 1989 Coping with family transition: Winners, losers and survivors. *Child Development*, **60**, 1-14.

平木典子・中釜洋子 ２００６ 家族の心理——家族への理解を深めるために サイエンス社

柏木恵子 ２００６ 夫婦関係・カップル関係の変化とその心理——実証研究から 日本家族心理学会（編） 夫婦・カップル関係 家族心理学年報 **24**

厚生労働省 ２０１３ 厚生統計要覧

Lerner, H. G. 1994 *The dance of intimacy.* New York: Haper Collins. 中釜洋子（訳） １９９４ 親密さのダンス——身近な人間関係を考える 誠信書房

内閣府 ２００９ 男女共同参画社会に対する世論調査

小田切紀子 ２００４ 離婚を乗り越える——離婚家庭への支援を目指して ブレーン出版

Sager, C. J. 1981 Couples therapy and marriage contracts. In A. S. Garman & D. P. Kinskern (Eds.), *Handbook of family therapy.* PA: Bruner/Mazel.

最高裁判所 ２０１２ 司法統計年報

Wallerstein, J., Lewis, J. M. & Blakeslee, S. 2000 *The unexpected legacy of divorce.* New York: Carol Mann Literary.

Wallerstein, J. & Blakeslee, S. 2003 *What about the kids: Raising your children before, during, and after divorce.* New York: Hyperion Books.

Williamson, D. S. 1991 *The intimacy paradox: Personal authority in the family system.* New York: Guilford Press.

山野保 １９８７ 未練の心理——男女の別れと日本的心情 創元社

# 第8章

# 親としての夫婦

## 夫婦関係が子どもの感情の育ちに与える影響

大河原美以

# はじめに

筆者は、子どもの心理治療を通して、夫婦の問題に出合う立場にあります。入口は子どもの心理的問題ですが、その解決のために、夫婦の葛藤に向き合わざるを得なくなるケースはとても多いと感じています。

本論では、きれる（感情制御できずに集団の中で暴力的な言動が生じている）ことを主訴として来談した子ども3事例の両親の夫婦関係の記述を通して、夫婦関係が子どもの感情の育ちに与える影響について、みていきます。

学校や保育園・幼稚園などで、感情制御に困難を示し、集団適応に問題を抱える子どもは、近年、その症状から「発達障害」と分類され、特別支援教育の支援の流れにのるよう促されることが一般的となりました。臨床家も、その不適応状況から「発達障害」と診断し、特別支援のレールにのせることをその仕事の中心であると考える傾向も強くなったように思います。

しかし筆者は、あたかも「発達障害」であるかのようにみえる子どもたちであっても、家族への介入・支援をきちんと行うことによって、感情制御が可能になり、問題解決後は「発達障害か否か」という対象児ではなくなる事例を多く経験しています。そのような子どもたちは「発達障害様症状」を示していた発達障害ではない子どもたちだったということになります。また、たとえ実際に「発達障害」があったとしても、家族の中で生じている問題が解決すれば、おちついた「発達障害」の子どもになりますから、「暴力的である」ということと「発達障害」は別の問題ととらえることが重要なのです（大河原　２００４）。

このような問題意識から、本章では、当初「発達障害（疑い）」とみなされ、特別支援教育を受けることを勧められていたけれども、夫婦の問題が解決することによって、通常学級に適応可能になり、いつのまにか、子どもが「発達障害」といわれることはなくなった3事例を紹介します。これらの事例を通して、夫婦の問題が子どもの感情の育ちにどのような影響を与えるものなのかを考えてみましょう。

なお、事例は守秘の観点から、典型例としてイメージしやすいように、創作しなおしたものです（以下、「父＝夫」「母＝妻」という立場をあらわす名称は、文脈に即して使い分けました）。

## 1　3つの事例の概要

### 1●夫の借金問題に苦悩していた妻

ＩＰ（家族の中で問題を表出していた人）は、小2のA君。父（会社員）・母（パート）・長男A君の3人家族。

A君は、学校でささいなことにきれて、トラブルになり、集団適応できない状態でした。スクールカウンセラーから「発達障害」といわれて、小児科を紹介され、そこで「アスペルガー障害の疑い」と診断され、通級学級の手続きを勧められることになりました。知能検査の結果からは、言語性が動作性よりも優位でその能力には差があり、ＬＤ（学習障害）傾向も認められました。しかし、母は幼少期から遅れがあったと感じたことはないため納得できず、通級学級への入所を断りました。そのため、学校からは「問題の母」とみなされていました。母は「A君がいま学校で問題を起こしているのは、自分自身がいらいらしていることが原因だ」と考えており、子どもが「発達障害だからではない」と訴えました。いらいらの原因は、夫との関係にあるとのことでした。

夫とは職場の恋愛結婚でした。結婚後すぐに妊娠し、妻は仕事を辞めることにしました。夫がつきあいで「賭けまあじゃん」をしていることは知っていましたが、出産直後に「実は数百万円の借金がある」ことを知ることになりました。夫はその罪障感から、出産したばかりの妻に「離婚してほしい」と迫ったといいます。赤ん坊を抱えた妻は、別れることなど考えられず、これ以上借金を重ねてほしくないという思いから、母自身の退職金を全額借金返済にあて、残りの半分は毎月返済していくよう整理し、もう二度とギャンブルはしないという約束を夫としました。そして、A君が3歳になってからは、その借金返済のために、母もパートで働くことにしました。夫はその後、大きな借金を作ることはないのですが、おこずかいの範囲での「賭けまあじゃん」は続けていました。夫の言い分は「借金はしていないのだから、約束は守っている」ということになりますが、妻は夜でかけていく夫の姿をみると、逆上して夫を責めてしまい、激しいけんかになることもしばしばだったといいます。そのような夫婦をみているA君が、学校できれているということは「自分の責任だ」と、母は考えていたのです。母は「冷静に考えると、以後借金を作っていない夫は、7年間約束を守っている」と認識しており、できれば過去のことは許して夫を信じられるようになりたいと願っていました。

そこで、筆者は、夫の借金を知った当時の出来事が、妻にとっての深い傷つき（トラウマ）になっており、そのために、夫がでかける姿をみると怒りがこみあげてくる（フラッシュバック）状態に陥っていると見立て、母自身のトラウマの治療を行うことにしました。出産直後という時期は、母は子を守るために身体のあらゆる機能が総動員されている特殊な状態にあり、そのときに夫の庇護を失うかもしれない状況はとてもおそろしいもので、トラウマになっても不思議はないのです。筆者はトラウマの治療にＥＭＤＲという方法を使います。ＥＭＤＲとは、過去の記憶に直接働きかけるトラウマ治療の方法で、傷ついた記憶にはたらきかけて、現在のものの見方や感じ方に変化を起こすことができる個人療法の技法です（シャピロ　２００４）。筆者は、まず妻個人が変化することにより、夫婦の関係性の変化を促していくことにしたのです。

妻は2回のＥＭＤＲセッションのあと、出産直後に夫の借金を知らされ、夫から離婚を求められたという衝撃により、身体から切り離していた（一次解離）深い悲しみの感情を自己に統合する（悲しみを抱える）ことができました。その結果、実際の生活の中では次のような関係性の変化が生じたのです。

ある日、夫が友人からの電話を受けて「賭けまあじゃん」にでかけようとするとき、これまでならどなっていた場面で、妻は「いつも自分は恐くてたまらない気持ちでいっぱいでいた。あなたを信じたいのに、信じられなくてつらい。不安でたまらない」と夫の前で泣くことができたのです。妻の涙をみた夫は、「そんな思いをさせていて申し訳なかった」と妻に詫びることができました。7年間続いてきた、互いを罵り合う悪循環のコミュニケーションは、互いを思いやるコミュニケーションに変化したのです。

夫はもともと「妻が夫にしたがう亭主関白」型の夫婦を望んでおり、妻もそうありたいと思っていました。しかし、結婚初期の夫の借金問題によって、「ダメ夫としっかり妻」という関係性が定着し、そのことがさらに夫のプライドを傷つけていたという側面もあったことに、妻は気づきました。こうして、妻はもう一度夫を頼り、夫を信じようとすることができるようになり、夫もその期待に応えることができるようになりました。

このような夫婦の変化と並行して、子どもの学校での問題行動はいつの間にかなくなりました。しかし小児科での知能検査の結果からはＬＤ（学習障害）傾向の所見もあったように、子どもは学習面では時折、周囲の活動についていけず「悲しい」思いをすることがたくさんありました。以前はその「悲しみ」を表現することができずに、きれてあばれていましたが、母が自身の「悲しみ」を受け入れることができるようになってからは、母が子どもの訴えを聴くときに、子どもが抱えているだろう「悲しみ」の感情に共感することが可能になり、子どもは家で母に不満を訴えることで、癒される関係性を獲得することができたのです。このようにして、3年生にあがる頃には、通級学級の対象児童とはみなされなくなり、要特別支援児童のリストからもはずされました。学習面での課題は多少あるものの、成長とともに普通学級の中で問題とはならなくなりました。

このように、親自身が感情を封印していると、子どもの感情にもふれることができないという状況が生じるのです。くわしくは、「3事例をふり返って（156頁）」のところで解説します。

## 2 夫の不倫問題に苦悩していた妻

ＩＰ（家族の中で問題を表出していた人）は、小3のＢ君。父（会社員）・母（専業主婦）・長男Ｂ君・次男（小1）の4人家族。

Ｂ君は、小2のとき、学校でいじめにあっていました。被害にあうような場面で、しだいに著しく激しくきれてみさかいがつかなくなり、ハサミを持ち出して危険な行動をとるようになりました。小3になって担任がかわり、いくらかおちついたものの、時折激しくきれることを心配して、母が筆者のもとに来所しました。学校での巡回相談では、「アスペルガー障害の疑い」といわれていたとのことです。Ａ君は学業成績は優秀で、幼稚園の頃は友だち関係も問題なく、母はそれまでとくに問題があると感じたことはなかったといいます。

Ｂ君は、小２のときにクラスの中で陰湿ないじめ被害を受けていたのですが、担任はそのことを知りながらも、Ｂ君の性格特性に問題があるためにいじめられるのだと認識していました。Ｂ君は、優秀であるがゆえに、担任の間違いを指摘するなど、生意気な発言をすることも多く、担任にとっては、あまりかわいいと思えない存在だったようです。Ｂ君は、担任がいじめの状況を正しく把握して対処してくれないこと、時にいじめている側に加担するような発言をすることへの怒りを抱えながら、適応するためにその怒りを封じ込めて登校していたのです。そして引き金になるような刺激に接すると、激しくきれてコントロール不能の状態に陥っていました。母は、いじめられていることを担任に訴え、何度も相談してきましたが、そのたびに、Ｂ君にも非があると指摘されてきていました。

同じ時期、母は夫との間にも葛藤を抱えていました。夫が、会社の同僚と不倫の関係にあることを知ってしまったのです。夫に問いつめたところ、単なる出来心で一度だけの関係であり、「できた妻なら大目に見るべき」という態度でした。そのため、妻は忘れる努力をし、夫の好物を食卓に並べてきました。ところがその３か月後、出張といってでた夫が、実は年休をとって不倫旅行をしていたことを妻は知るのです。しかし妻はそこで、怒りをのみ込み、気づかぬふりをして過ごすことにしました。その怒りを認識することは、これ以上一緒に暮らせないということを意味しています。専業主婦の妻にはその選択肢はありえませんでした。夫を失わないための防衛反応として、無意識に怒りを封印してしまうことになりました。そのような状況のなか、Ｂ君の激しくきれる症状は悪化していったのです。

筆者との面接のなかで、Ｂ君は、自分の思いを承認されることで自身の怒りと悲しみに気づいていくと、本当は「学校に行くのは恐い」ということを感じることができるようになりました。その結果「不登校」となりますが、それは自己を回復させるために必要な安全な時間の確保として、きわめて重要な意味をもつ不登校期間でした。傷つきの回復のためには安全な環境が必要であり、そのために学校を休む期間が保障されることが必要な場合は多くあるのです。

母は、Ｂ君を支援するための筆者とのカウンセリングを通して、子の怒りの気持ちを承認することの重要性を学んでいきました。そのなかで母自身も自分にうそをついて不倫を続けている夫への怒りも、Ｂ君がいじめられているのにもかかわらず、Ｂ君に非があると主張する担任への怒りも、ともに正当な怒りであることを受け入れることができるようになりました。担任への怒りを抱えると、おのずと夫への怒りもひっぱりだされてきてしまうため、夫への怒りを否認するために、担任への怒りも否認されてしまっていたのです。そのため、いじめをする子どもたちやそれに加担している担任への怒りを必死に訴えるＢ君に対しても、その怒りを無意識に否認してしまうことになっていたのだろうと思われました。

母は、自身の夫との関係に決着をつけないと、Ｂ君の問題も解決しないと腹をくくりました。不倫相手の女性に面会を求め、どういうつもりなのかと怒りをぶつけ、夫に離婚覚悟で自己決定を迫りました。夫は、妻の本気にふれて、妻と子どもたちを失いたくないと泣き崩れ、妻を選ぶと明言しました。夫は、「男は泣くべきではない」という信条の持ち主でしたが、弱い自己をさらけだして、妻と子を自分のもとにとどめたのでした。

自身の怒りを受け入れることができた母、そして、自身の弱さを受け入れた父はともに、その後のＢ君の激しい怒りの表出に対しても、おちついて愛情深く受けとめることができるようになりました。自身の怒りが正当なものだと両親から承認され、怒りを抱えている自分はそのままで愛されるということを実感することができたＢ君は、怒り感情を自己に統合することができるようになり、おちついていきました。5年生の春には、転校した学校にふつうに登校することができ、しだいにその優秀さを発揮できるようになりました。再登校できるようになったＢ君の様子をみて、「発達障害」という人は誰もいませんでした。

## 3 ● WEB上に妻への不満を書き込みしていた夫と離婚した妻

ＩＰ（家族の中で問題を表出していた人）は、４歳のＣ君。すでに両親が半年前に離婚しており、母（会社員）・長男Ｃ君の２人家族。

保育園の先生からは、Ｃ君がおちつきがなく集団行動ができず、かんしゃくが激しいので、発達障害かもしれないから発達相談を受けるように勧められたということでした。家ではとてもおとなしくよい子にしており、かんしゃくを起こすことはほとんどないので、母はなぜそのようにいわれるのか、理解できずに、保育士に怒りを表明していました。母にとっては、Ｃ君は小さいときから、とても「察しのよい子」でした。以前からＣ君がぐずり始めると、母は意識的に無視することにしており、Ｃ君はその様子から「母が怒った」ということを察して、歌を歌い始めたりして自分で機嫌をなおすということでした。母はこのようにして、Ｃ君を簡単にコントロールすることができると感じていたのです。しかしながら、離婚して以後は、Ｃ君が母の顔色をうかがうようなそぶりをみせると、母自身がかっとなってしまい、Ｃ君をたたいてしまうこともあるということで、母はなんとかしなければと思っていました。

母は、半年前に協議離婚していましたが、そのいきさつは次のようなものでした。スポーツクラブで知り合い３か月のつきあいで、10歳年上の夫と結婚してすぐに妊娠。妊娠中に夫は、職場の配置換えに不適応を起こしてうつ病になり、３か月休職しました。そのため産後１年間の育児休暇中は、夫の世話も兼ねていたといいます。夫が「おれはもう終わりだ」とか「死んだほうがましだ」などとつぶやくことに対して「はげましてはいけない」と医者に指示されたので、できるだけ無視して、夫のネガティヴな気分に巻き込まれないようにしたといいます。夫はふたたびもとの部署に配属され、３か月で職場復帰しました。

夫は自分のうつについて、インターネットのＳＮＳ（ソーシャルネットワークサービス）に書き込みをしていたので、妻は夫を心配する気持ちから、夫のＩＤでこっそり入り込み、夫が何を書き込んでいるのかチェックしたといいます。しかしそこに夫は、「妻が片づけ・掃除をきちんとしないのでそのためにいらいらしてそれが原因でうつになった」と記載しており、妻はショックを受けます。また夫は「ＡＤＨＤの妻をもつ人」たちの掲示板にも書き込みをしており、夫は妻を「ＡＤＨＤ」と認識していることがわかりました。夫は日常的に妻に対する不満を書き込み、妻が内緒でそれをチェックするという関係性はしばらくつづきました。しかし、夫は現実の生活の中で、妻に片づけや掃除について要求することはなく、何も不満はないようなふるまいをしていたので、妻も平静をよそおい、なんとかいい関係を維持しようと努力しました。また夫は、「イクメン」を自認しており、子どもをあやすのが得意でした。Ｃ君がパパを求めて甘えようとすると、母は息子をとられるような気持ちに襲われて怒りがこみあげ、夫に対して「甘やかさないで」ときれて暴言を吐いてしまうという状況に陥りました。そしてそのことによって、夫は「妻はやっぱりＡＤＨＤだ」と認識するという悪循環が形成され、夫は掲示板に「妻には母親の資格がない」と書き込みをしました。とうとう耐えられなくなった妻は、ＳＮＳを見ていたことを告白し、離婚を申し出たとのことでした。自分ひとりで子育てできるということを意地でも夫に示したかったということでした。

　このようないきさつで離婚して、その後保育園での「問題行動」を指摘される経緯の中で、母はＣ君の行動によって、夫に「母親失格」といわれたことが証明されてしまう事態になっているという苦境に立たされており、Ｃ君が母の顔色をうかがうような態度を示すと、自分の感情を制御できず、Ｃ君をたたいてしまうという関係性に陥っていました。

　筆者はまずイメージ療法を用いて、母がわが子が生まれて「うれしい、かわいい」と思った瞬間の記憶をひきだし、ＥＭＤＲの肯定的な記憶を強化する技法を用いて、子どもを愛することができている母自身の身体感覚を強化しました。イメージの中で、母は涙を流しながら、子どもを抱きしめて幸せだと感じる身体感覚に浸ることができました。

母が一番困っていたことは、「Ｃ君の母の顔色をうかがう様子をみると、かっとなる」ということでした。母は、夫がうつ病で休職したことにより、常に自分の気持ちをのみ込み、夫の顔色をうかがって生活していたと語りました。夫の主治医から、「やる気のない様子がみえても、はげましたり、がんばるように言ってはいけない」と指導されていたこともあり、妻としての不満はのみ込み、できるだけ夫を受け入れるように努力していたといいます。夫にＳＮＳの中で自分の悪口を書かれていたことに、ショックを受け、怒りたかったけれども、夫がうつになることが恐くて、表面的にうその生活をしてきたことが、何より悲しかったと号泣しました。「母の顔色をうかがう」という子どもの行為が、「母自身が夫の顔色をうかがって生活していた記憶」を無意識にひっぱりだし、母自身のなかに居場所を与えられていない夫への怒りと悲しみをフラッシュバックさせていたのです。母自身への個人療法のなかで、ＥＭＤＲを用いてこの記憶を処理してからは、母がＣ君をかっとなってたたいてしまうことはなくなりました。

このような個人療法と並行して、母として子育てを行ううえで必要な心理教育を行いました。子どもが自己制御できるようになるためには、不快な感情がわきあがってきているときに、親に抱かれて安心を得ることで、おさまっていくことが必要だということを親が理解し、実践することが必要です。「親が怒っている顔をしていると子が察して自分で気持ちを切り替える」という制御の方法は、子どもの健全な感情制御の発達の反対の方向性にあるものであり、子が親を察するのではなく、親が子を察することを実践していくことにより、子どもの感情制御の力は開発されていくということを、教えました（大河原　２００６）。

母にゆとりがでてくると、C君はすぐに反応し、母の前で甘えを表出するようになりました。母は自分が子どもを抱きしめることで、安心を与えることができる存在になるよう、努力しました。受け入れ始めると、子どもは一時的に退行を示します。保育園で泣いて母から離れずに分離不安を呈するようになったときも、母は上司に遅刻することを認めてもらい、保育園で子どもがおちつくまで寄り添うことができました。母は腰をすえて、育てなおしをする覚悟でいましたが、このように子どもが母の前で、親に気を使うことなく、ぐずったり泣いたりすることができるようになると、ほどなく保育園での著しいおちつきのなさやかんしゃくは改善され、問題にならなくなりました。家では、2歳児のようなC君を受け入れながら、根気強くしつけをしなおしていくプロセスが続きましたが、小学校に入学する頃には、C君本来の賢さが発揮され、集団適応に問題はなくなりました。

## 2　3事例をふり返って

### 1　3事例に共通しているプロセス

ここで例としてあげた3事例に共通している家族の構造は、夫婦の間での怒り・悲しみの処理の仕方が、親子の間での怒り・悲しみの処理の仕方を生み出し、子どもの感情制御の困難を生じさせているという構造です。図8-1に問題が構成されるプロセスを、図8-2に問題が解決していくプロセスを図式化しました。

A君の事例では、ギャンブルで借金をつくり離婚をほのめかされたことに傷ついている母が、そのことを忘れることで夫婦関係を維持してきていたものの、借金はしないがギャンブルを続けている夫の姿をみると、制御できない怒りがこみあげていました。母が自身の「悲しみ」を受け入れることができるようになると、子どもが学校で味わっている「悲しみ」の感情に共感することが可能になり、A君はおちついていきました。

B君の事例では、夫の不倫を忘れることで夫婦関係を維持しようとし、そのためには夫への怒りをのみ込まなければならず、怒りを否認している状態のなかにあっては、B君へのいじめに担任が加担していることへの怒りをも母はのみ込んでしまっていました。そのため、母は適切にB君の怒り・悲しみに共感することができない状態にあり、B君の傷は深いものとなっていました。母が夫への怒りを表出し、夫が自身の弱さを受け入れるというプロセスをへて、両親はB君の怒り・悲しみ、痛みを受容することができるようになり、B君は回復していきました。

C君の事例では、夫のうつに対処するために、顔色をうかがいながら、夫のネガティヴな訴えに巻き込まれずに無視することで自身の安定をはかっていた妻が、子どもに対しても無視することで子どもをコントロールできると学習していました。子どもは、親に愛されるために親の顔色をうかがいながら、親が望む感情のみを表出し、親に適応しますが、それは、本来の健全な育ちを阻害する感情の処理の方法であるため、子どもは保育園で感情制御できない状態におちいっていました。

共通しているのは、夫婦がそれぞれの負情動（ネガティヴ感情）への対処に困難を抱え、適応するために、それをないことにする方略（否認・解離・行動化など）を用いていること。それにより、夫婦のコミュニケーション不全が生じて悪循環を構成します。そのなかで子どもが育つとき、夫婦の間でないことにされている感情（怒りや悲しみなど）は、子どもとの関係においてもないことにされるので、子どもが抱える怒りや悲しみも家族の中で存在する場所がなくなることになります。その結果、否認・解離された子どもの感情は、学校場面で暴走し、感情制御できないその状況から、「発達障害（疑い）」で相談を勧められるという展開になっていました（図8-1）。

筆者は、まず来談者である母（妻）の怒り・悲しみを承認し、母（妻）自身が自己の負情動を受容できるように支援しました（図8-2の中に記載した番号①。以下同様）。それにより、夫とのコミュニケーションに変化が生じ（②）、葛藤に向き合うことができるように夫婦は変化しました（③）。夫婦の間で負の情動が承認されるようになると、親として子どもの負情動を承認し受容することができるようになり（④）、子どもは親の前で負情動表出が可能になります（⑤）。それは親の前で「よい子」ではなくなることを意味しています。子は、親に自身の負情動を承認されることにより、怒りや悲しみを

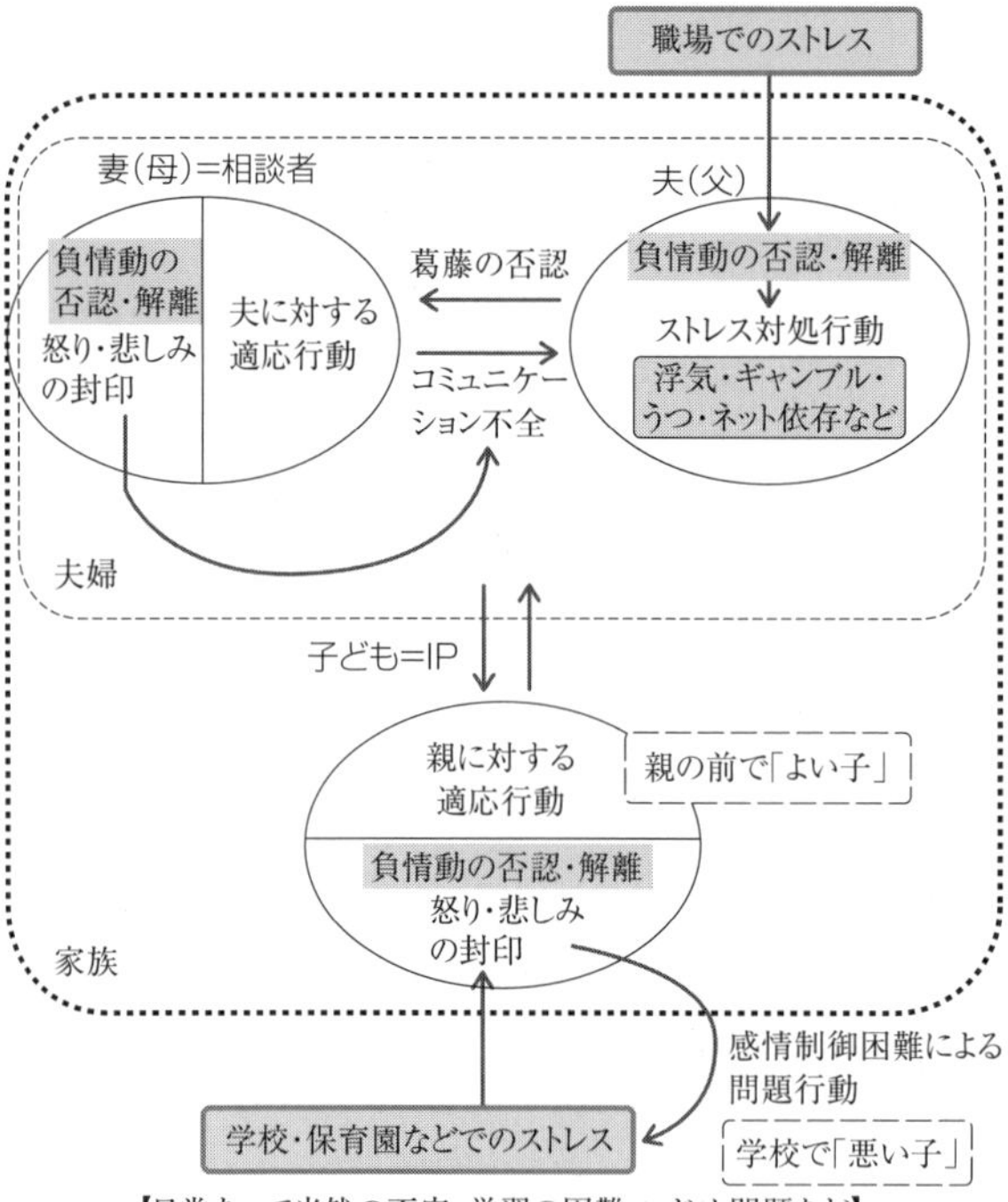


図8-1　夫婦の問題が子どもの感情制御困難をもたらすプロセス（3事例より）

自己の中に統合することができるようになり（⑥）、その結果、負情動は暴走しなくなり、学校場面では社会性のある行動をとれるように変化していったのです（⑦）。気づくと、「ふつうの子」であって「発達障害（疑い）の子」ではなくなっていたのです（上記の図8−2の①〜⑦はこの順番に変化が生じた）。

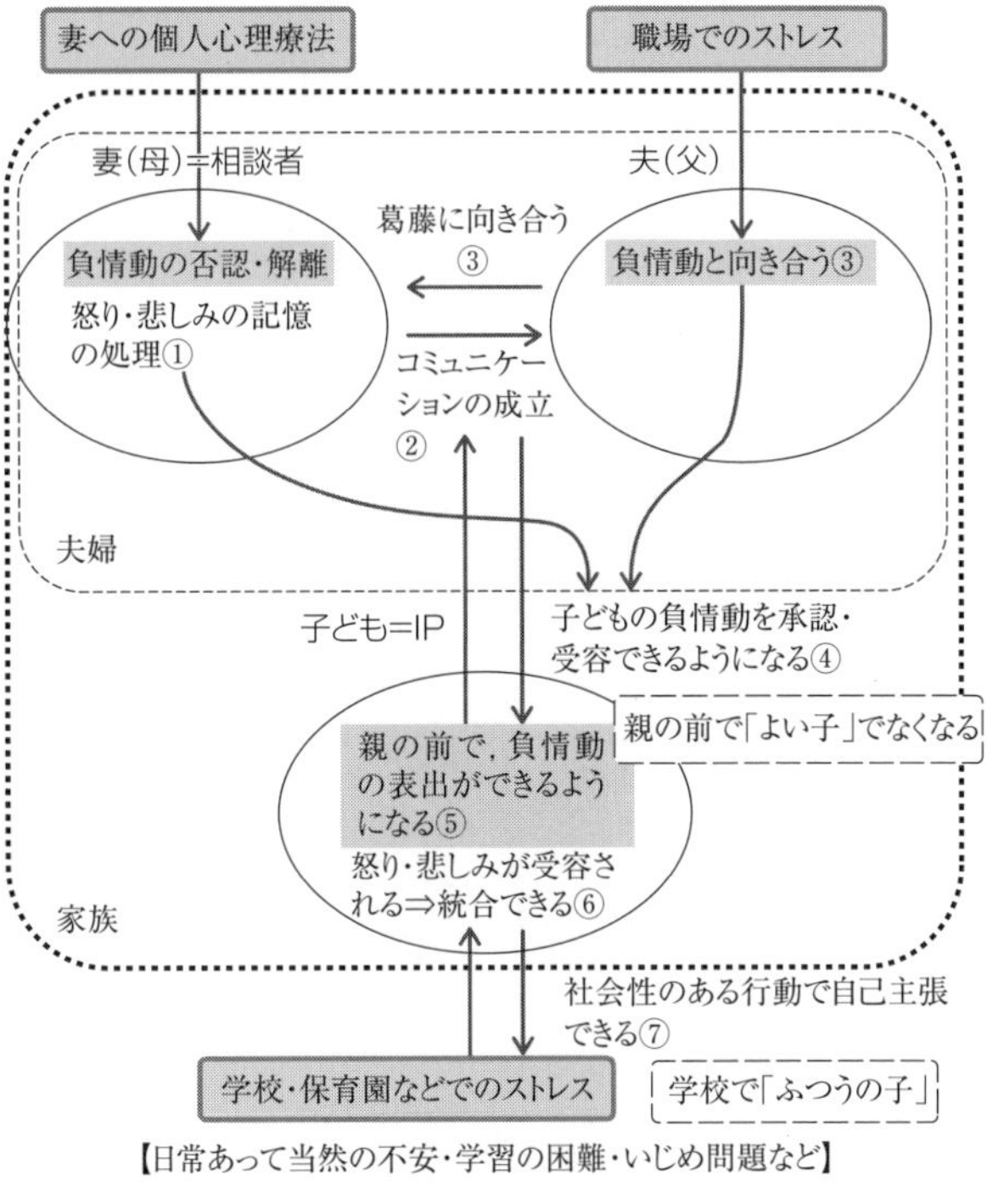


図8−2　夫婦の問題の改善が子どもの感情制御困難を改善するプロセス（3事例より）

## 2　見立てのポイント

学校で感情制御できないという問題を抱えた事例をみる際、「親の前でよい子」という側面が存在するのかどうかという点に注目することが重要です。なぜなら、生来的な発達障害の場合には、場面によって「よい子」の姿を示すということは困難であり、家でも学校でも同じ困難を抱えているはずだからです。「親の前でよい子」ということは、親の前でありのままに不機嫌を表出すること（負情動表出）ができない状況にあるということを意味しています。感情制御の脳機能の基盤は、泣いたときに親に抱かれて安心を得るという愛着システムによって、育ちます（大河原　2006）。だから、子どもが親の前で負情動表出をできない状態にあるということは、感情制御の基礎となる脳機能が構築される機会を失っているということを意味します。実はこの「親の前でよい子」「学校できれる子」というあり方は、日本文化に根ざした日本人の親子関係に起因する独特の症状であるのです（大河原・響　２０１３）。よって、海外の文献や診断基準には、このあり様は反映されていません。

学校ではあたかも発達障害であるかのような行動をとる子どもであっても、「親の前でよい子」ということであれば、この子がなぜ、親の前で負情動表出できない状況にあるのかということに目を向ける必要があります。そこで、浮上してくるのが、本論で述べてきたような夫婦の関係性なのです。なんらかの理由で、家族の中で負情動表出が承認されない場合に、子どもは自己の負情動を統合することができずに、感情制御に困難を抱えることになります。

## 3 来談者への個人療法により夫婦システムを変化させるという視点

ここで例にあげた3事例の来談者はすべて、母でした。子どもの問題で困っており、かつ夫婦に葛藤を抱えている場合には、来談者は母のみになることが多いのが一般的でしょう。来談者のニーズに応じるという点からは、来談者である母に対してできることをするということが、方法論として妥当な選択になると筆者は考えています。もちろん、夫婦同席面接が可能であれば、また別の展開もありえるでしょう。筆者は、子どもの問題で困って母のみが来談し、夫（父）への怒りや悲しみを抱えている場合には、本論で述べたように、母への個人心理療法（ＥＭＤＲ）を行うことで、夫婦の関係性の変化を促します。

ＥＭＤＲは記憶の処理を行う心理療法の専門的な技法（シャピロ　２００４）ですが、怒りや悲しみの感情をため込むにいたる出来事等に関する記憶の処理が進むと、許すことや受け入れることが可能になり、Ａ君の事例で示したように、夫婦のコミュニケーションが変化するのです。Ｃ君の事例では、子どもの行動が刺激になってひっぱりだされてきていた夫への怒りが処理されることによって、子どもとのコミュニケーションが変化し、子どもをたたくというようなことはなくなりました。

Ｂ君の事例では、母の怒りの源が過去の記憶ではなく、現在も継続していた夫の不倫だったことから、過去の記憶を扱うＥＭＤＲは行いません。母は、いじめに苦しんでいる息子の怒りが正当なものであることを理解することと並行して、自身の怒りの正当性を確信し、現在の関係性を変えるために行動を起こしました。

いずれにしても、変化が生じるために重要なのは、母自身が負情動を自己に対して承認し受容することであり、それにより、わが子の負情動を受容することができるようになるというプロセスでした。子どもの感情制御の機能は、負情動が安心感・安全感に包まれることで制御される体験、愛着システムの回復によって育つからです（大河原　２０１０、２０１１）。

つまり、子どもが負情動をどのように制御するのかということは、子どもが家族にどのように適応するのかということと直結した問題なのです。子どもの問題行動への援助を考えるとき、単なる子どもの診断にとどまるのではなく、家族の中でどのような困難があるのかという視点に目を向けて、総合的な支援を組み立てていくことが、求められています。苦しんでいるのは大人であり、それゆえに、子どもたちがＳＯＳをだしているのです。

## 引用文献

大河原美以　２００４　怒りをコントロールできない子の理解と援助――教師と親のかかわり　金子書房

大河原美以　２００６　ちゃんと泣ける子に育てよう――親には子どもの感情を育てる義務がある　河出書房新社
大河原美以　２０１０　教育臨床の課題と脳科学研究の接点（１）――「感情制御の発達不全」の治療援助モデルの妥当性　東京学芸大学紀要総合教育科学系Ⅰ　第61集　121-135頁
大河原美以　２０１１　教育臨床の課題と脳科学研究の接点（２）――感情制御の発達と母子の愛着システム不全　東京学芸大学紀要総合教育科学系Ⅰ　第62集　215-229頁
大河原美以・響江吏子　２０１３　感情制御困難を生み出す日本特有の親子関係――日米の差異を探索する調査を通して　東京学芸大学教育学部附属教育実践研究支援センター研究紀要　第９集　39-50頁
Shapiro, F. 2001 *Eye movement desensitization and reprocessing: Basic principles, protocol, and procedure. (2nd ed.)* NY: Guilford press.　シャピロ、Ｆ／市井雅哉（監訳）　２００４　ＥＭＤＲ　外傷記憶を処理する心理療法　二瓶社

# 第9章

# 生殖医療と夫婦

小泉智恵

# 1　生殖医療の広まり

## 1●生殖医療の進歩により複雑化した家族

１９７８年にイギリスで世界初の体外受精児が誕生した後、１９８３年にわが国初の体外受精児が誕生しました。体外受精とは、精子と卵子を体外に取り出し、卵子に精子を振りかけて受精させて受精卵（胚）をつくり、子宮内に戻すという技術です。この技術によってこれまで目で見ることのできなかった妊娠の仕組みの一部が解明されて医学が進歩し、不妊で悩む多くの夫婦が助けられました。その功績を称え、世界初の体外受精を行ったエドワード博士に２０１０年ノーベル医学賞が授与されています。

その後も生殖医療は進歩し、１９８９年に凍結保存されていた受精卵（胚）を融解し子宮内に移植する方法で妊娠が可能になりました。また、顕微鏡を使って一個の卵子に一個の精子をガラス管で直接注入する方法である顕微授精による妊娠が成功し、体外受精のもう一つの方法として確立しました。このように体外受精の技術、凍結保存の技術、顕微授精の技術、培養液の改良などによって生殖医療は発展してきました。

一般に、25歳くらいの健康な男女がタイミングよく性交渉をすると、自然妊娠する確率は約25％であるといわれています。自然妊娠する確率は女性の年齢とともに低下し、女性が30代後半になると約18％、40

歳前半になると約5%であると報告されています。他方、体外受精を行った場合の妊娠率は平均約35%ですが、これも女性の年齢が上がるにつれて低下します。

これらの技術は、子どもがなかなかできない夫婦にとっては画期的な妊娠の方法となりました。以降、世界中で体外受精に対する需要が、増加しています。なかでも日本では２０１１年の1年間に行われた体外受精件数が約27万件となり、10年前の3倍以上に増え、世界最多数になっています。日本では体外受精によって生まれた子どもの数がすでに30万人を超えています。２０１１年に日本で生まれた子どもの数は約百万人ですが、そのうち体外受精で生まれた子どもは約3万2千人でした。つまり、約32人に1人は体外受精で生まれています。

生殖医療では、自分たち夫婦の精子や卵子を用いずに第三者から提供された精子や卵子で子どもをもつこともできます。たとえば、日常生活で不自由がなければ気づかないことですが、何らかの染色体異常をもっている場合、無精子症とわかった場合、月経不順で20代や30代で月経や排卵がほとんどなくなった場合（早発卵巣機能不全といい、女性１００人に1人の割合で発症するといわれています）、がん治療によって月経や排卵がなくなったり正常精子がつくられなくなったりした場合、その他の病気により生殖能力が失われた場合、あるいは不妊検査をしても原因がみつからない場合（原因不明）に、妊娠が可能な良好な精子や卵子、受精卵（胚）が得られないことがあります。そうした事情があったとしても子どもをもちたいと願う夫婦には、第三者からの精子あるいは卵子の提供を受けて妻の卵子または夫の精子との体外受精を行い、受精卵を妻の子宮に移植することで、妊娠・出産が可能になります。また、子宮をもたない女性の場合でも代理母の母体で胎児を育てて産んでもらうことによって、技術的には子どもをもつことが可能になりました。

このような配偶者間を超えておこなわれる生殖医療では、生みの親が遺伝子上の親や育ての親とはかぎらなくなりました。最も混乱するケースとしては、第三者提供の精子と卵子を受精させ、代理母が妊娠・出産した場合、出産後の育ての親と合わせて、父親が２人、母親が３人いることになります。このような複雑なケースはまれではありますが、近年日本人夫婦が海外で第三者からの卵子提供を受けて妊娠出産するケースが増加しています。新聞報道によると２０１１年には２００人以上が卵子提供による生殖医療を受けるために海外渡航しており、最近５年で少なくとも１３０人の子どもが誕生しているといいます（読売新聞２０１２年４月29日、５月２日）。卵子提供によって生まれた子どもは生みの母親と遺伝的にはつながりがありませんが、父親とは遺伝的につながりがあるケースです。非配偶者間生殖医療の心理的な問題については第３節（183頁）で述べます。

今日、生殖医療の技術は飛躍的な発展をとげ、たとえば顕微鏡を使った手術で精巣から精子を探し出して取り出す技術（MD-TESE）、未成熟卵子を体外に取り出し成熟するまで培養する技術（IVM）、卵子でなく卵巣組織を体外に取り出して組織内の卵子の成長を開始させた成熟卵子を得る技術（IVA）などによる妊娠、出産例も報告されています。また、応用例としては、小児・若年がんのがん治療のうち化学療法や放射線療法によって妊孕性（妊娠しやすさ）が失われる場合が多いため、がん治療開始前に精子や卵子、卵巣組織などを体外に取り出して凍結保存し、がん治療後に受精卵を体内に移植して子どもを授かれるようにすることが可能になりました。

しかし、生殖医療は単なる技術ではなく、将来の父母と子どもがよりよく生きていくことに貢献するべきものです。生殖医療によって生まれた子どもの福祉を十分に考え、生殖医療と共存する社会を形成していく必要があります。そこで、第三者提供精子、卵子、胚による妊娠、代理出産によって生まれた子どもの福祉を保証したり、出自を知ることなどの権利を擁護したりして、法律や社会制度を整えて実施を進める国も増加しています。２０１２年時点でＯＥＣＤ34か国のうち、26か国が第三者提供の精子・卵子による生殖医療を実施しており、関連する法律またはそれに準ずるものを整えています（石原　２０１２）。

## 2●生殖医療と子どもをもつことの意識に関する国際比較

革新的な生殖医療の広がりの一方で、不妊治療が他国に比べて日本社会に浸透していないことが国際調査でわかってきました。妊娠を希望するカップル約一万人が参加した主要18か国の国際調査（Merck Serono, 2010：ボイバン　２０１１）によると、不妊の知識（たとえば、「40代の女性は30代の女性と同じ確立で妊娠できる」「女性の肥満が妊娠の可能性を下げる」「月経のある女性や精子が作り出されている男性には妊娠能力がある」などの13問）の日本人の正答率は約35％と他国より圧倒的に低く、18か国中17位でした。不妊治療に対する態度においても、「不妊についてパートナー、家族や友人に開示しやすいか」「不妊治療に対して積極的な態度であるか」の2項目は参加国中で大差がある最下位でした。つまり、わが国では不妊に対する知識が十分とはいえず、周囲の人に話すことに強い抵抗感があります。「不妊治療は大変なので積極的になれない」と思い込んで不妊の正しい知識が浸透していないのが実状です。

子どもをもつことに対する意識面でも、「子どもをもつことへの願望」「親になる必要性（充実した人生に子どもが重要な位置を占めるという意味）」「自分／パートナーが子どもをもつ心の準備ができている」の項目で日本は18か国中最下位でした。日本人回答者のうち子どもがいる人といない人に分けて考えてみても、日本人は子どもがいる人もいない人も同程度に低い得点で、グラフにすると日本人は左下に孤立し、他国がグラフ右上部に集中している（グラフの○で囲んである部分）とは明らかに異なりました（図9-1）。

こうした意識の低さは、参加国中最低の合計特殊出生率（一人の女性が一生に産む子どもの平均数。調査時点の２０１１年では１・20）と深く関連していると考えられます。つまり、他の国の人々に比べて日本人は妊娠を希望はしていてもそれほど子どもを強く望んでいるわけでなく、むしろ充実した人生のためには子どもはそれほど重要ではなく、夫婦ともに子どもを望み、子どもをもつ心の準備ができていないので、妊娠・出産に積極的になれないという様相です。その背景には、低収入や勤務先に倒産の可能性が少なくないという不安定な社会情勢や、かつ女性の再就職やキャリア変更がしづらく働きにくい風潮などがあります。他方、家庭では配偶者の長時間労働や保育園不足から専業主婦とならざるを得なかった母親に子育ての責任が押しつけられ、孤立しているなどの問題が蔓延しています。

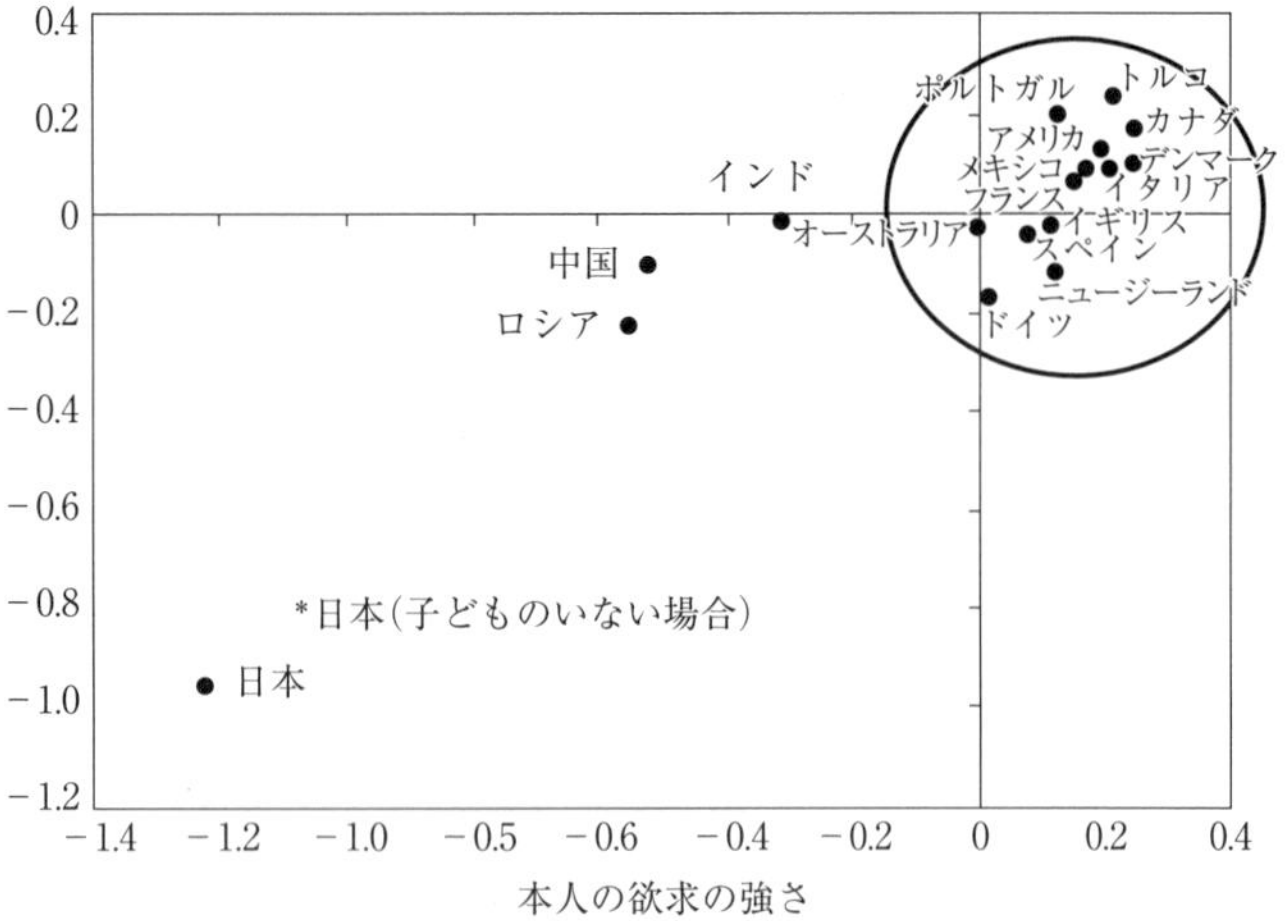


図９-１　本人・パートナーの欲求別・子どもをもつ願望と必要性
（ボイバン，2011）

## ３ 子どもをもてないかもしれないという不安

このように、日本には他の国々に比べると不妊に対する認識が低く、不妊を受け入れにくい社会風土がありますが、個人レベルでは不妊を心配する夫婦の数、生殖医療を受診する夫婦の数は増加しています。

全国50歳未満の妻を回答者として結婚、不妊、出産について、夫妻初婚どうしの夫婦６７０５組を対象に集計した調査があります（国立社会保障・人口問題研究所　２０１２）。それによりますと、「不妊を心配したことがある（または現在心配している）」夫婦の割合は31・1％で、子どものいない夫婦ではこの割合は52・2％と多いのです。実際に不妊の検査や治療を受けたことがある、または現在受けている夫婦は全体の16・4％で、子どものいない夫婦では28・6％でした。こうした不妊の心配の経験や治療の経験がある人は、２００2年に比べて近年は約１・４倍に増加しています。流産・死産を経験した夫婦は全体の16・1％で、１９９7年から約2倍増加していました。

これらの結果から、子どものいない夫婦の2組に1組は不妊を心配し、4組に1組は不妊検査・治療を受けたことがわかります。子どもがいない夫婦にとっては「子どもが授からないかもしれない」という不安があり、生殖医療という技術があるのにもかかわらず使わずに過ごしてもし子どもができなかったら後悔するのではないかと考え、先回りして不妊治療へと進んでいる可能性が考えられます。

最近は、マスコミによる「卵子の老化」報道により、卵子が老化するとなると産めなくなることに不安を駆り立てられ、健康な未婚女性が未受精卵を凍結保存し、将来結婚したときに利用するといった生殖医療の利用も発生しており、「卵活」といわれています。しかし、凍結した未受精卵の劣化や融解後にはたして無事に受精、着床するかといったプロセスの長さを考えると卵子を凍結保存しておけば安心とはいえず、かえってさらなる不安を抱え込むことになるのではないでしょうか。生殖医療は既婚者のみならず未婚女性にまで「子どもをもてないかもしれない不安や焦り」を煽っているようです。

## ４　現代女性の子どもの価値

以上のように、現代女性にとって子どもをもつことは身体的にも精神的にも物理的にもかなり負担が重く、そうした苦労にあまりあるほど大きな価値があるとは思えないようにみえます。

なぜ、子どもがほしいのでしょうか。「未妊レポート」という大規模調査によると、25～45歳の既婚で子どもがいない（妊娠中でない）女性１０４８人の56・９％、男性１０３５人の67・３％が現在または将来子どもを産みたいと回答しました（ベネッセ　２０１４）。その理由19項目すべてに対して自分が該当する程度を回答してもらったところ、「自分の子どもがほしいから」「好きな人の子どもを産みたいから」の２項目は男女とも半数以上があてはまると答えていました。男性の約４割と女性の約６割は「孫を見せて親を喜ばせたいから」にあてはまると答えました。女性の半数は「自分の年齢的にリミットを感じているから」にあてはまると答えました。つまり、産みたい人は自分が楽しく成長できたり配偶者とのきずなを深めたり、家庭を明るくしたりといった情緒的なメリットを積極的にもっていることに加え、とくに女性は年齢的なリミットも気になっているといえるでしょう。

従来は、子どもの価値というのは、成長したら親孝行をしてくれる、経済的に助けてくれる、年老いたときに物理的、精神的に支えになるといった将来への先行投資の意味合いがありました。しかし近年、家族の価値が経済的価値から情緒的価値へ移行しているのと同じ流れで、子どもを産み育てる意味は、愛情のある家庭、家族関係を築くことに価値が置かれているといえるでしょう。

## 2　生殖医療は夫婦関係に何をもたらすのか

### 1●生殖医療は夫・妻に何をもたらすのか

子どもをもつことの目的は子どもや配偶者と愛情のある関係をつくるためであるならば、生殖医療が目標とするところもそうです。しかし、実際には、子どもを授かりたいと思う人は、日々の基礎体温を気にしたり、排卵日に合わせて性交渉をしなければならないと意気込みすぎたりして余裕がなく、高温期が続くと妊娠したかもしれないと期待しますが月経がきてしまうと妊娠できなかったことでがっくり落ち込むなどというように、まさに感情のジェットコースターに乗って振り回されているようです。さらに、生殖医療のために治療機関への通院が始まると、通院の負荷、時間的経済的負担、身体の痛み、精神的な苦痛などによるストレスが深刻になり、愛情あふれる家族をつくろうと意識できる状況ではなくなります。

たとえば、図9-2に示すように、日本で生殖医療を受けている女性

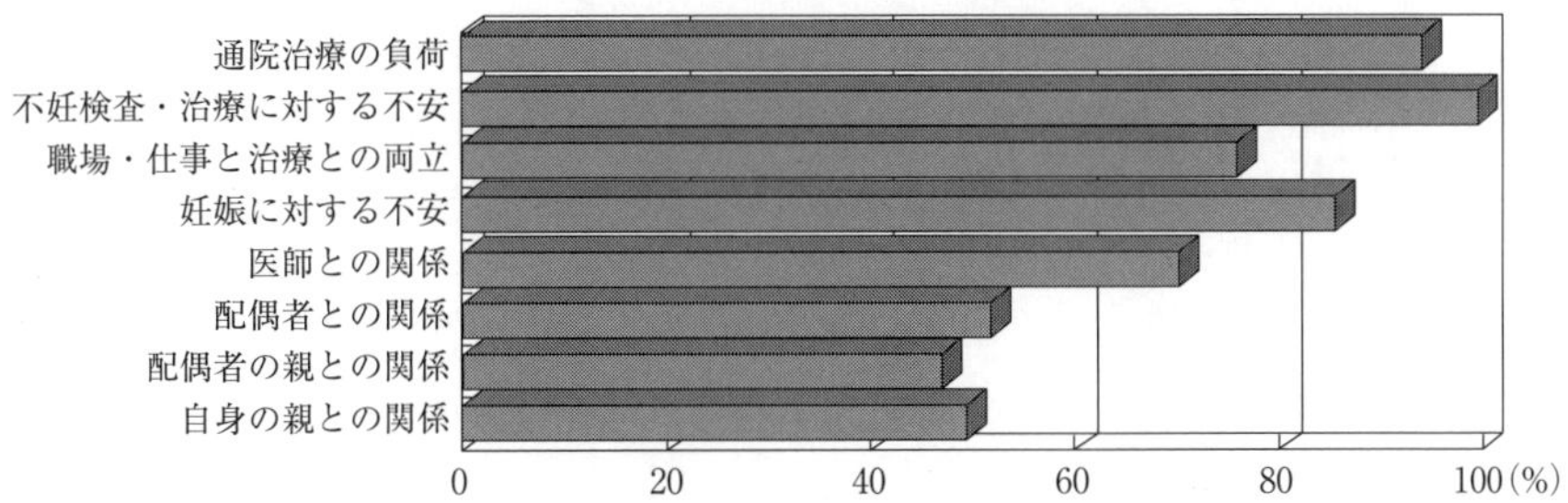


図9-2　不妊ストレスの経験者の割合（小泉ほか，2005）

のストレスについて調べたところ、治療の苦痛、不妊検査・治療に対する不安、妊娠に対する不安は8割以上の女性が経験し、医師との関係、職場・仕事と治療との両立のストレスは7割が経験していました。治療を通して配偶者、配偶者の親や自分自身の親と意見の衝突があるなど、生殖医療は家族との関係にも影響を及ぼしていました（小泉ほか　２００５）。このように、生殖医療を受けている女性は治療にまつわる多方面のことからストレスを受けているのです。さらに、これらのストレスが多くなるほど、精神的な健康を損なっていました。元来、精神的に健康な人であっても、ストレスフルな不妊治療によって心のバランスを崩しやすいのです。

従来は心身ともに元気に過ごしてきた女性が、不妊治療で多方面からのストレスやなかなか妊娠しないという不成功体験を多く経験していくにつれ、落ち込んだり、いらいらしたり、街で妊婦や赤ちゃん連れを見かけるのもつらくなって家に閉じこもり気味になったり、生活の些細なことが気になりコントロールしなければ気がすまなくなったりすることが少なくありません。一般に不成功体験が重なると、また次も失敗するのではないか、人生の何もかもがうまくいかないのではないかなどと悪く考え込む学習性無力感に陥ります。いつ妊娠できるかわからない先の見えない不妊治療は、まさに学習性無力感に陥りやすいのではないでしょうか。

なかには、全般性不安障害、パニック障害、強迫性障害、大うつ病などを呈する症例も少なくありません。とくに早発卵巣機能不全や無精子症といった妊娠がきわめて困難なケースでは、精神的にかなり追い詰められ、精神状態がよくないことが報告されています。たとえば、早発卵巣機能不全（POI, POF）とは、若い頃から月経不順が続く初期症状が起こり、40歳未満で月経が来なくなることで、100人に1人の割合で起こります。この早発卵巣機能不全女性の重度うつの割合は14％で、これは一般労働人口に比べて約3倍も多いのです（小泉ほか　２０１２）。

また、無精子症・乏精子症の男性の26％は、全般性不安障害か心身症状を示しました。このように深刻な原因による不妊の場合は、妊娠がとても難しいために無力感がますます強くなって日常生活さえもつらくなるのです。

## 2●生殖医療は夫婦の行動にどのような影響を及ぼすのか

このように生殖医療はストレスフルな治療ですから、しばしば患者さんから「夫婦で生殖医療のストレスをどうやって乗り越えたらよいか」と尋ねられることがあります。実際に生殖医療を受けた夫婦はどのように夫婦の時間を過ごし、行動しているのかを調べてみると、日本と欧米とでは違いがあります。たとえばスウェーデンの調査で、子どもがいない夫婦が体外受精の初回に不成功だった後どのように過ごしたかを調べたところ、夫、妻ともに夫婦二人の時間を多くもち、多く話したり夫婦間で感情や考えについて分かち合い、お互いに受け入れたり家事を分担して公平に進めたりして過ごしています。夫婦関係は治療開始から治療不成功をはさんでその後18か月の間、良好で安定していました。

他方、治療期間が長くなり、体外受精で3回以上反復不成功の夫婦においてはどのような経過をたどるのでしょうか。国内の研究（平山ほか　1998）によると、妊娠していないとわかったとき、妻に対して「すぐに励ました」夫は69％、「何も言わなかった」夫は27％、「否定的で冷たかった」夫は2％、「無回答」2％でした。妻自身が心を癒すためにとった行動は、「仕事に熱中する」、「友人と話をする」が多く、次いで「泣く」、「買い物をする」となり、多くの妻は夫とかかわらず一人でできる対処方法をとっていました。心の癒やし方として、「家族の励まし」をあげる人は少なく、癒し方は「ない」と答える人もいました（図9-3）。

なぜこのような違いが起こるのでしょうか。まず、欧米の夫婦と日本の夫婦では社会文化的な違いがあります。一般に、欧米の夫婦はお互いに向き合い、対等に話し合い、さまざまな行動をともにして、パートナーとしてふさわしい相手かどうかを常に探っています。他方、日本の夫婦では実質的に男性は仕事、女性は家庭（不妊治療中は治療に専念して子どもを産み育てる家庭づくりをする）というような分業をとるケースが多く、それぞれが役割を果たすことで夫婦が成り立ってきたのです。

もう一つ注目すべき点は、治療期間の長さも夫婦関係に関係していることです（図9-4、図9-5）。通院初期に行われる不妊検査で夫婦とも問題がなく、かつ妻の年齢が高くなければ、たいていはタイミング指導、人工授精、体外授精、顕微授精といった順番で治療が進みます。そして、体外授精初回は治療開始から12か月前後ですが、体外授精で3回以上反復不成功となると治療期間は多くの場合24か月以上になります。治療期間が23か月以下と24か月以上のグループに分けて夫婦関係を調べたところ、夫は治療期間が23か月以下の群のほうが24か月以上の群より妻へのサポートをより多く行っていて、夫

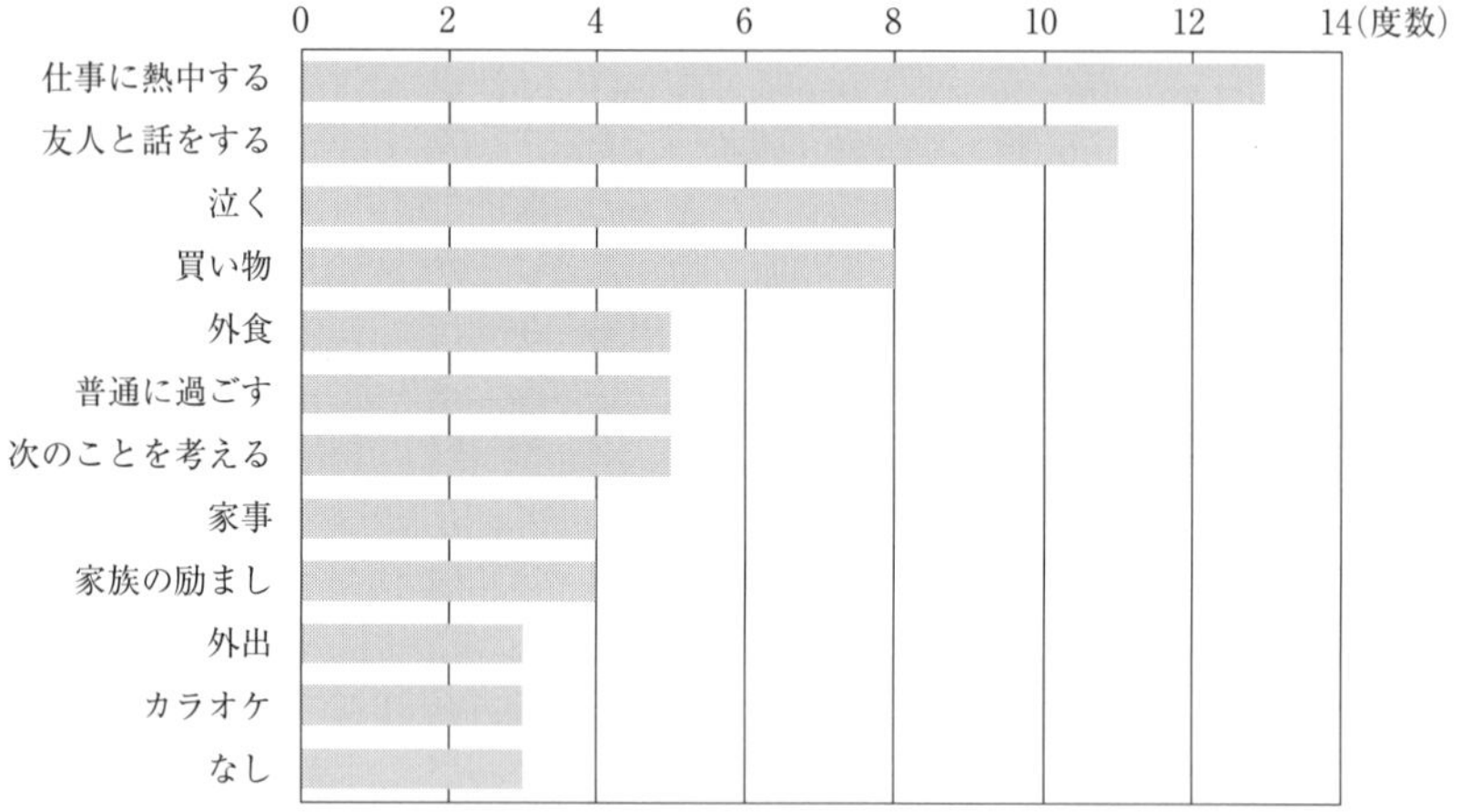


図9-3　治療不成功時の心の癒やし方（平山ほか，1998）

婦の親密性を強く感じていました。妻も同様で、治療期間が23か月以下の群のほうが24か月以上の群より夫からのサポートを多く感じていました。こうした結果から、治療期間が長くなり不成功体験が重なると、夫婦は疲弊してお互いに支え合うことが難しくなります（小泉　2013）。

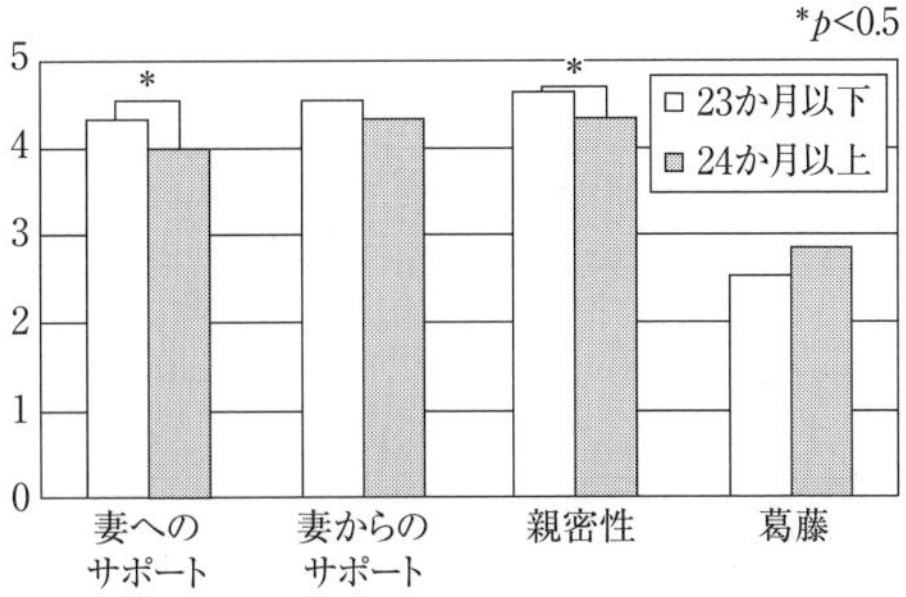


図9－4　治療期間別・夫から見た夫婦関係
（小泉，2013）

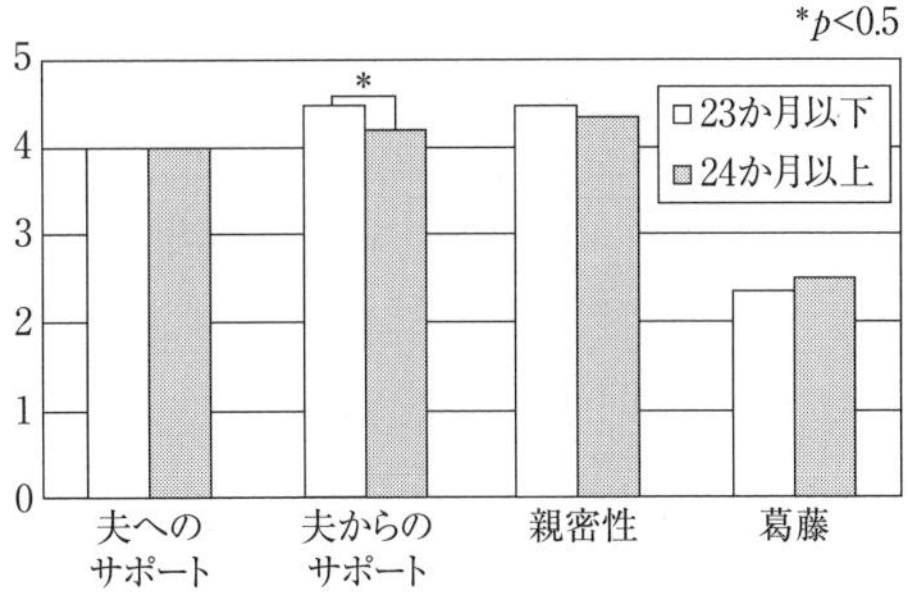


図9－5　治療期間別・妻から見た夫婦関係
（小泉，2013）

## 3 生殖医療での経験が夫婦の利益になる

不妊治療によって夫婦が互いに親密になり、関係が強くなることを、「夫婦利益（marital benefit）」といいます。デンマークの夫婦約1000組を対象とした調査（Schmidt et al. 2005　図9-6）で、夫婦利益を強く感じた人の割合は治療開始時点では夫21・1％、妻25・9％でした。その1年後時点では、不妊治療によって妊娠した群では夫20・9％、妻25・2％が夫婦の利益を強く感じていたのに対して、不妊群では夫24・4％、妻29％と多いのです。治療開始時点と1年後時点の妊娠群はほぼ同じ割合でしたが、1年後時点の不妊群は治療開始時点よりも夫婦利益をより多くの人が強く感じています。

1年後時点で夫婦利益が強くなった夫婦は、治療開始時点でどのような特徴があったのでしょうか。分析の結果、まず、不妊のことを秘密にすることと、積極的な回避的対処（ストレスに対して妊娠や子どもを避けて、自分の気持ちを紛らわすために仕事や他の代用活動をして対処すること）を多くおこなうと、夫の夫婦利益が減少しました。他方、夫が積極的な直面的対処（ストレスに対して感情を示したり他者に援助を求めたりして対処すること）を多くおこなうと、夫は夫婦利益を多く感じています。多くの不妊治療では、夫の受診回数は少なく、妻が毎日のように受診することがよくあります。そこで夫は、日々の様子や大変さがわかりにくいのですが、状況や知識を知って理解しようとしたり気持ちを言葉に出して伝えたりすることが、その後の夫婦にとって大切になります。

他方、妻の夫婦利益は、ストレス対処や不妊のコミュニケーションとはあまり関係がみられませんでした。女性が生殖医療を受けて夫婦にとってよかったと思えるのは、ストレスをどのように対処したかではなく、何か別の理由がありそうです。

この研究はさらに5年後にも追跡調査されていて、より長期的な様子をみることができます。治療開始時、1年後時、5年後時の3時点とも回答した人のうち、対象者の3分の1近くが5年間に治療または自

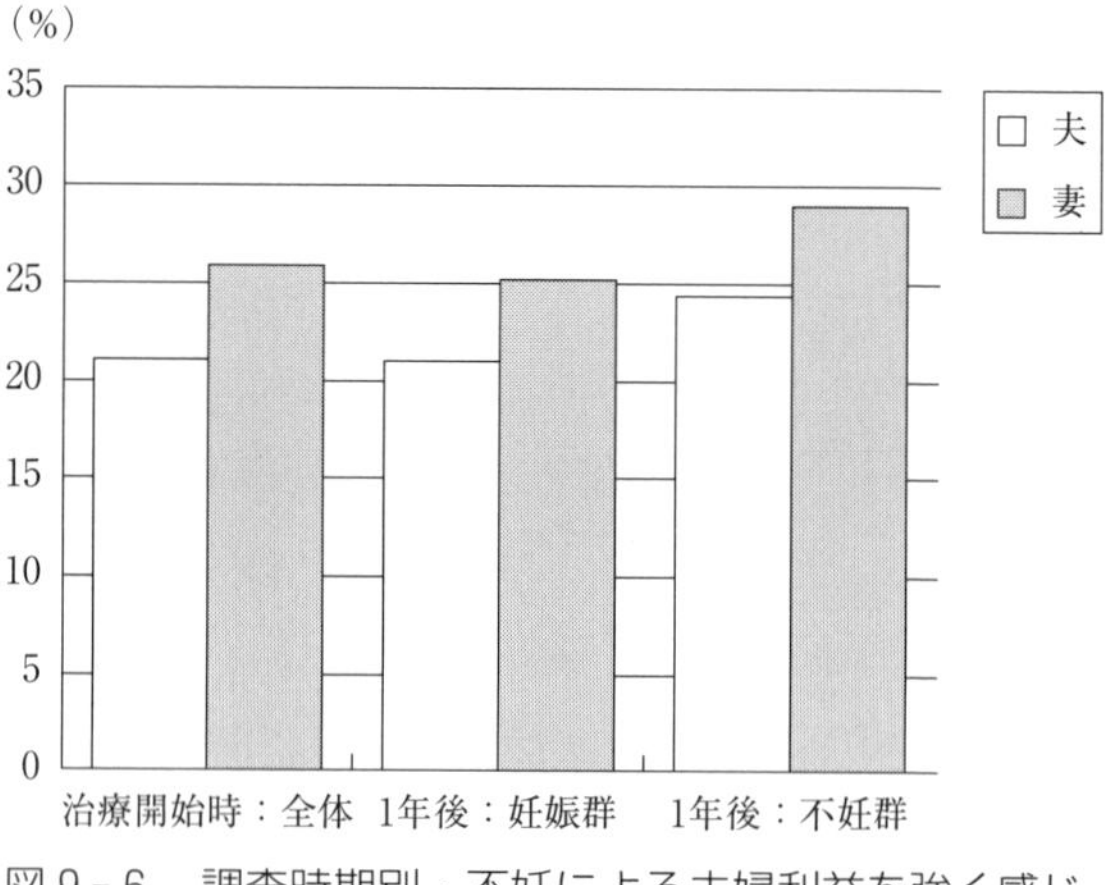


図9－6　調査時期別・不妊による夫婦利益を強く感じた人の割合（Schmidt et al., 2005）

然に妊娠することができず、また養子も迎えていませんでした（Peterson et al., 2011）。子どもを授かっていないにもかかわらず、夫婦利益を強く感じた割合は、夫妻とも治療開始時点に比べ年々増加し、5年後は夫妻とも4人に1人以上は夫婦利益を強く感じていました（図9-7）。

次に、どのようなストレス対処によって夫妻各々が夫婦利益を強く感じていたのでしょうか。意味づけに基づいた対処と積極的な回避的対処が夫婦利益に関連しました。まず、夫婦に共通していたのはこの説明に基づいた対処でした。妻、夫それぞれが意味づけに基づいた対処（ストレスに対して前向きに人として成長するととらえたり、人生の別のゴールを見出したりして対処すること）を多くおこなうと、妻では1年後の夫婦利益が増加し、夫でも5年後の夫婦利益が増加しました。現実にはつらい出来事を人生の中で前向きに意味づけて対処することは、たやすいことではないでしょう。不妊治療中に「次は妊娠するかもしれない」という期待と今回もダメだったという落胆が月経や治療の周期ごとにくり返されるようなめまぐるしい状態では、立ち止まって自分の人生の中で子どもをもつ意味や治療経験をふり返り前向きに意味づけることは難しいものです。だからこそ、配偶者が意味づけ対処を試みると、配偶者を尊敬したり、自分も励まされたりしてその効果は大きくなるのでしょう。

他方、積極的な回避的対処は夫と妻で影響が異なっていました。妻が子どもなどを避けて仕事などに打ち込むといった積極的な回避的対処を多くおこなうと、夫の夫婦利益が少なくなりました。しかし、夫が積極的な回避的対処を多くおこなうと、妻の夫婦利益が多くなりました。一般に、積

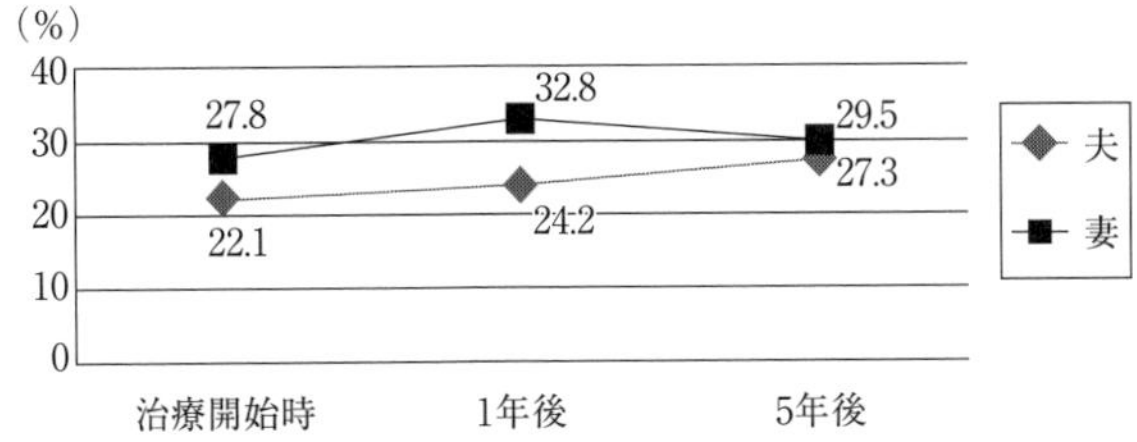


図9-7　治療不成功であっても夫婦に高利益をもたらしたと回答した割合（Peterson et al., 2011）

極的に回避してやり過ごす方法は人生の困難な事態では有効なものですが、この場合は生殖という夫婦双方がかかわるべき事態に対して相手が真摯に向き合っていないように思われたり、責任を逃れてすべてを任されたように思われたりするからかもしれません。夫は不妊治療で苦しんでいる妻を何かサポートしてあげたいけれど妻が仕事に向かうことで自分を頼ってくれないことに落胆するのかもしれません。逆に夫が仕事に打ち込むことは産む性である妻にとって子どもができないことに直面させられないですむように感じるのかもしれません。

## 4 夫婦利益が個人の成長につながる

子どもを授かるために困難な不妊治療に耐え、がんばってきてもなかなか子どもができないと、喪失感や絶望感に陥りやすくなります。人はそれをどのようにして乗り越えていくのでしょうか。人生や生涯発達における妊娠・出産する能力や子ども、子孫といった大切なものを「喪失」するという視点から考えてみます。

海外の研究では、早発卵巣機能不全患者が自分自身の妊孕力を予期せず突然喪失することに対する情緒的反応は、愛するものを突然亡くしたとき（＝喪失）の悲嘆（悲しみ、怒り、罪悪感、不安、孤独感などさまざまな感情）と同様であることが報告されています。実際、臨床場面では、早発卵巣機能不全と診断された直後から強いショックを受けて苦しみ、なぜ自分が不妊なのだと怒り、病院に通いさえすれば不妊を克服できるのではないかと治療にすがったり、治療継続も困難で落ち込んだりする姿がよくみられます。その様相はまさに喪失による悲嘆と似ています。数年診療継続したケースでは、原因不明不妊や早発卵巣機能不全など不妊の原因はさまざまでしたが、子どもがほしいと望みながらも不妊治療の不成功で絶望し、子どもをもたないで生きる道を模索し、いろんな物事のよい面も悪い面も含めて広い視野で考えられるようになり、強くかつしなやかな自己になり、不妊治療を契機に成長する経過をたどる場合があります。こうした現象は外傷後成長（Post-Traumatic Growth：PTG）という概念に近いものです。

早発卵巣機能不全の女性のがん治療後の外傷後成長についていくつか事例報告があります。早発卵巣機能不全の診断からしばらく時間がたつと、運命だと思って自分の人生を見つめ直したり、不妊というつらい出来事からも周囲の人から受けた優しさや人生勉強と思えることなど何か得るものを探し出したりして自分を立て直すことができるようになって心身や精神面の変動につながらなくなるという、精神的な葛藤とその対処のくり返しの過程を経て成長する場合もあります。しかし、外傷後成長はすべての人に起こるとはかぎりません。直面した事態が同じであっても、同じ時点で同じ過程をたどり同程度の成長をするともかぎりません。成長過程が早発卵巣機能不全の診断の数年後から始まる場合もあります。

では、いったいどのような要因が外傷後成長をもたらすのでしょうか。

不妊による喪失とその受容による成長の研究から次のようにいえます。不妊の受容プロセスは、①治療開始時に病院で相談できてほっとしたという「安堵」、②自分は妊娠するかもしれないから不妊ではないかもしれないという「否認」、③どうして自分ばかり子どもができないことで苦労をするのだろうと腹立たしく思う「怒り」、④自分さえしっかり治療に取り組んだら子どもはもてると思う「取り引き」、⑤治療をしても子どもをもてない悲しみやつらさは楽にならないという「落ち込み」、⑥治療を通して自分が人間的にとても成長するという「受容」の、6段階により構成されます。各段階の特徴は、①安堵や②否認が強いときは、治療に対してストレスを感じず、対処行動も少なく、精神的に健康です。③怒りが強いときは治療や対人関係などさまざまなストレスを抱え、何が問題か突き詰めて解決しようとするストレス対処方法（問題焦点型対処）をして、心身の不調を感じるなど精神的に不健康です。一方で、自分の努力や希望だけではかなわないこともあると感じ、運命などへの不可抗力を考えるようになります。④取り引きが強いときは、治療に対するストレスを多く感じ、問題焦点型対処に加えて、自分のつらい気持ちに対して自分自身で励まし、つらい状況の中でもよいところを見出そうとするストレス対処方法（情緒焦点型対処）もとりますが精神的に不健康です。治療を経験して視野が広がったり、柔軟に考えられるようになったり、精神的に強くなったり、将来のことを考えて行動するようになったり、他人の立場や気持ちをくみ取るようになったりするなど、人格面の発達（人格発達）を感じるようになります。⑤落ち込みが強いときは、治療に対しても夫婦や家族に対しても強いストレスを感じて、問題焦点型対処と情緒焦点型対処もおこないます。精神的には不健康ですが、自分の視野が広がったり自分の大事なものを守ろうとする点などで少しずつ人格的に成長したと感じるようになります。⑥受容が強いときは、問題焦点型対処、情緒焦点型対処を多く使用し、精神的に健康で、夫婦で互いにサポートし合い、親密性が深まり、不妊から得たものや失ったものをトータルで俯瞰できるようになり、考え方が奥深くなるなど人格発達が最も良好です。このようなプロセスで不妊というストレスフルな傷つき体験を受け入れ、体験によって成長すること（外傷後成長）がわかりました（小泉ほか　２０１１）。

　こうした不妊の受容プロセスのなかで、どのような条件があると人格発達につながりやすいかを検討しました（Koizumi et al., 2013）。まず、女性は男性より不妊の受容プロセスから人格発達を感じやすいのですが、男性より女性のほうが不妊治療に通う回数が多いためです。加えて、不妊の受容プロセスのうち否認以外のすべてのプロセスと夫婦の親密性とを多く経験するほど、より良好な人格発達をしやすくなります。つまり、自分の内面にある怒り、取り引き、落ち込みの感情に向き合い十分かかわるとともに、配偶者と一緒にいる時間やつながりを大切にすることによって不妊の受容がうながされ、その結果として視野が広がり、立場の違う人を思いやりつつ自分の意思も大事にし、自分が成長したと実感するようになるのです。

## 5●生殖医療は夫婦に長期的な影響をもたらすか

では、不妊治療は夫婦に対して長期にわたって影響するものでしょうか。体外受精初回から20年後時点の夫婦関係を調べたスウェーデンの研究では、80％の夫婦が20年後も治療当時の配偶者・パートナーと結婚生活を継続していました（Sydsjo et al., 2011　図9-8、図9-9）。家族構成は、子どもがいないままの夫婦は9％、残り91％は血のつながりのある子か養子を授かっていました。また、子どもがいない群、血のつながりのある子がいる群、養子のみの群の3群で夫婦関係を比較したところ、子どもがいない群はほかの2群に比べて夫婦コミュニケーションと葛藤解決が良好でした。子どもを授かりたくても授からなかった夫婦にとって、不妊治療とは失敗の連続でとてもつらいことです。そうした状況であっても夫婦で子どものことをとりあげてよく話し合ったり、お互いに慰めたり励ましたりして支え合い、夫婦コミュニケーションと葛藤解決が良好になったのでしょう。

以上のように、生殖医療でのつらい経験が個人や夫婦の利益になるためには、不妊という問題を個々人が自分の問題かつ夫婦二人の問題としてとらえてつらい状況や気持ちに目を向け、夫婦で話し合い、労り合い、支え合うことで、つらい状況でも良いほうを向いていくなどのストレスへの対処を夫婦で工夫することです。お互いの心理的苦痛を和らげることができれば、人格的な成長につながります。

では、ひるがえって日本の現状をみると、子どもをもつことや家庭のことは妻に任せ、実際に治療決定も通院も妻に任せ、妻が希望するなら妻の気がすむまで治療して夫は治療にもその後の妊娠・出産・子育てにも関心がないケースが少なくはありません。このような夫婦分業型の日本社会では、夫婦がのちに治療経験から得るものがあったと思える日がやって来るとは考えにくいのです。夫婦でともに治療に取り組んだ場合には、子どもが授からなかったときに意味づけに基づく対処を行うと、「子どもはできなかったけれど夫婦で支えあってきずなが深まった」と思えます。しかし、妻が一人で治療に取り組んだ場合は、「子どもはできなかったけれども私はがんばった」となり、妻個人の人格発達にはつながっても夫婦関係には影響がないことになります。夫婦で関心をもって取り組むことは、話し合いの時間や意見調整の労力もかかります。しかし、この労力のかかる作業こそが夫婦関係を育む機会になります。状況は異なりますが、初めての子どもをもつときに夫婦がどのような問題に直面し、どのように過ごしてきたかを調べたところ（ベルスキーとケリー　１９９５）、妊娠・出産・育児を夫婦二人の課題としてとらえて夫婦で対処することが夫婦関係を深めると結論づけています。つまり、夫婦のきずなは、不

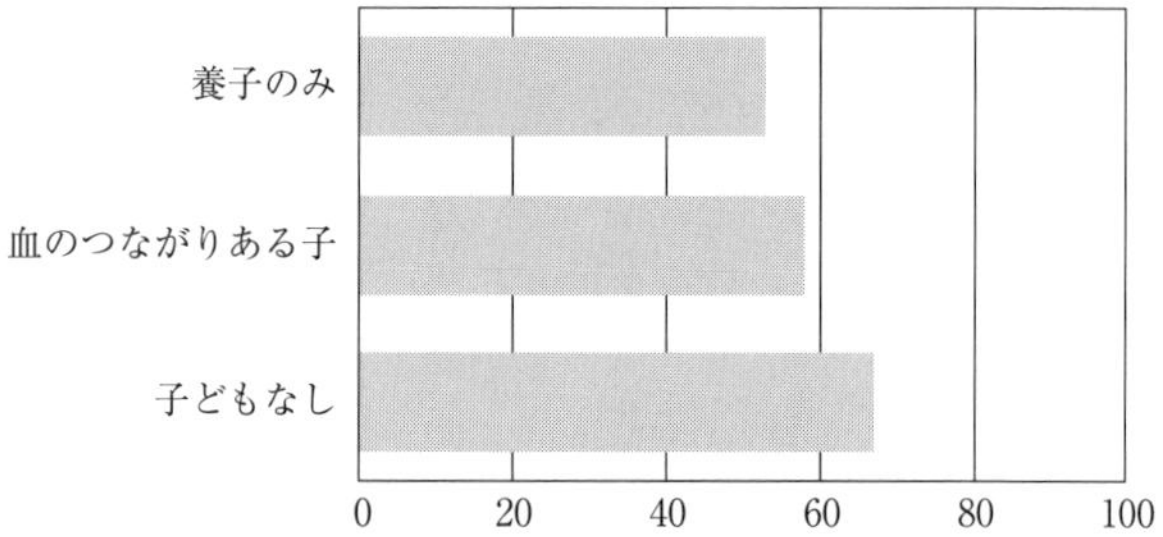


図９－８　治療後20年時点の家族構成別・夫婦コミュニケーションの良好さ（Sydsjo et al., 2011）

子どもなし群はほかの群に比べて統計的に有意に良好であった。

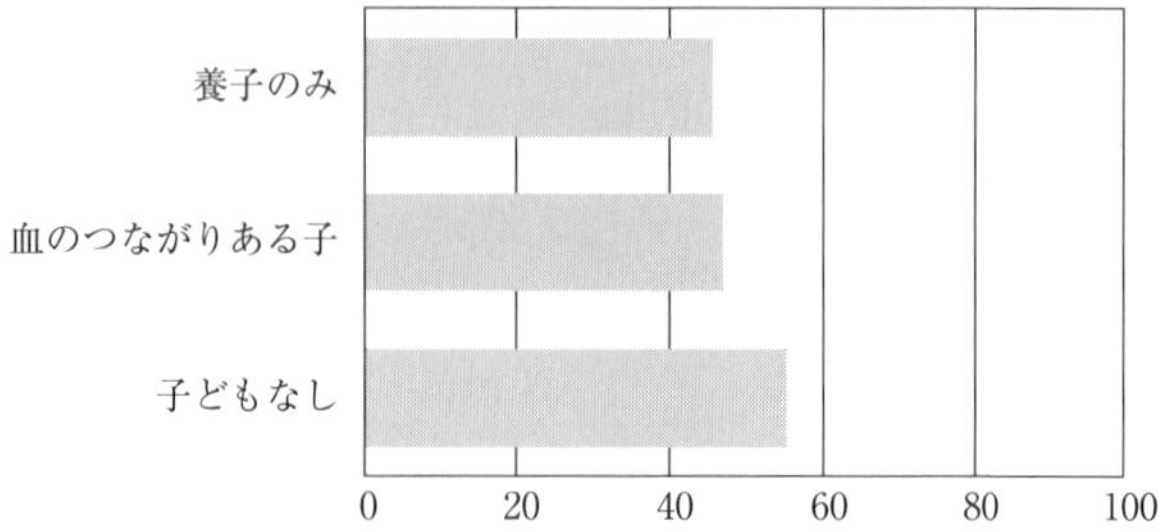


図９－９　治療後20年時点の家族構成別・葛藤解決の円満さ（Sydsjo et al., 2011）

子どもなし群はほかの群に比べて統計的に有意に良好であった。

妊治療でも子育てでも何であれ困難に対して夫婦で協力して問題解決に取り組み、ときに気持ちに寄り添って励ましあい、ときに気分転換をして前向きにしていくような営みによってつくられるものです。

## 3　非配偶者間生殖医療と家族

### 1 非配偶者間生殖医療を取り巻く社会状況

これまでは夫の精子と妻の卵子を使った配偶者間生殖医療について主に述べてきましたが、ここで第三者によって提供された精子や卵子などが関係する非配偶者間生殖医療について考えてみましょう。主な非配偶者間生殖医療は、第三者から提供された精子、卵子、受精卵（胚）、代理出産があります。第三者提供精子の場合は母と血のつながりがあり、第三者提供卵子の場合は父と血のつながりがあります。第三者提供受精卵（胚）は両親とも血のつながりはありません。代理出産の場合は夫の精子と妻の卵子を使うかあるいは上記のうちどれかを使って代理母が妊娠・出産します。

世界的な流れの発端となったものの一つは国連の「子どもの権利条約」（一九九〇年）の第8条第一項「子どもは可能な限り、両親を知り、両親によって育てられなければならない」で、第8条で子どものアイデンティティの尊重と保護について規定しているものです。これらの条項は、生殖補助医療によって出生した子どもの遺伝上の親を知る権利を主張する根拠とされます。以降、各国、各地域で子どもに血のつながりを知らせる（真実告知をする）非配偶者間生殖医療を含めた家族法の制定、子どもの出自を知る権利の保障など社会制度が整えられてきました。

日本では生殖医療の制限や生殖医療によって生まれた子どもの権利に関する法律はないため、近年は生殖補助医療を受ける夫婦と出生した児との親子関係の確定で法的問題になるケースが増えています。日本産科婦人科学会、日本生殖医学会によるガイドラインは、売買でなく第三者から提供された精子による人工授精のみが実施可能ですが、提供者は匿名であり、子どもが出自を知る権利は保障されていません。また、その他の非配偶者間生殖医療を実施することは認めていません。一部の医療機関団体であるＪＩＳＡＲＴ（日本生殖補助医療標準化機関）は独自のガイドラインを作成して、売買でなく第三者から提供された卵子による体外受精は実施可能としています。その際、卵子提供で子どもを希望する夫婦が卵子提供者を連れてくること、卵子提供により生まれた事実を子どもに伝えることなど決まりを設けています。

諸外国はどのように対応しているでしょうか。たとえばイギリスでは、ある夫婦が体外受精をおこなう過程で余分な卵子を生み出した場合にそれを別の夫婦に提供するというエッグシェアリングが行われています。エッグシェアリングは最近20年で３万件以上が実施されていて、イギリスの体外受精の約１％を占めています。法律面ではエッグシェアリングで生まれた子どもは18歳になったら遺伝上の母親（卵子提供者）を探す権利が認められていますが、卵子提供者は子どもについて何も知ることはできません。

スウェーデンでは子どもの出自を知る権利が定着しています（石原　２０１０）。卵子提供、精子提供について「子どもは自分が提供によって生まれたという出自を知る権利をもつ」「非配偶者間で生まれたと知っても親子関係は悪化しない」「非配偶者間生殖医療の真実告知は有益だ」について、当事者や関係者の９割が肯定しています。

米国では、第三者提供卵子による体外受精が体外受精治療周期数の10％を超えていますが、真実告知は徹底しているわけではありません。ある調査によると、卵子提供による子どもをもつ親で真実告知をした人は43％でした。まだ真実告知をしていない人は「真実告知をする適正な時期を待ち続けて子どもが10代になってしまうのではないか」という不安も報告されています。その根拠として、児童期に真実告知をされた子どもは、青年期、成人期に真実告知された子どもに比べて親に対する敵意、怒り、裏切りなど負の感情をもたず、すんなり受け入れたことが報告されており、子どもが幼いうちに真実告知をすることが有益だとされています。このように非配偶者間生殖医療によって生まれた子どもに真実告知をすることは、多くの国で賛同が得られてはいますが、現実的に実施するのは難しいものです。

## 2 血のつながりの秘密と家族関係

生殖医療により出生した子どもの出自を知る権利は法律的に認められるか、あるいはガイドラインなどで社会的に肯定されているのが、世界的な潮流です。しかし、日本では子どもの法的権利を守る法律もなく、社会的な肯定もありません。このような無整備な社会状況では、待望の子どもを授かることができたとしても、血のつながりがないとわかったときに実子と認められない可能性をはらんでいます。上述した社会状況に加えて、家族の血のつながりを重視する価値観から、日本の多くの夫婦が子どもに出自を伝えていません。「血のつながりがなくても自分の子どもとして育てたい」「血のつながりがないと子どもが知ったときに親子関係が崩れるかもしれない」という理由で出自を伝えないのだと多くの経験者は話します。

臨床例では、家族に遺伝病が見つかったときに血のつながりの有無や出生の経緯を話さなければならなくなり、長年秘密にしていたことから家族間の信頼関係がなくなってしまったケースがあります。病気ではなくとも、出生を秘密にしておくと秘密がばれるのではと不安になるなどの心理的な負担があったり、秘密がばれないように出自や幼い頃の話題を避けたり、血のつながりのない親が疎外感から本音をさらけ出して信頼し合えなかったりするなど、距離のある家族だったとその雰囲気を語るケースもあります。

社会的な要請はあるものの、実際に幼い子にどのように伝えたらいいのかわからず困っているという報告があり、真実告知の取り組みの工夫は国際学会でも話題になっています。当事者団体が出版した子どもにどのように真実を伝えるかのガイドブックは良書として推薦できるでしょう（モンッチ　２０１１）。たとえば、赤ちゃんのときから毎日のように抱っこしながら「あなたにはもう一人ママがいてあなたを愛して産んでくれたのよ」などとやさしく語りかけるとよい、第三者提供生殖医療についてわかるように書かれた絵本を子どもの本棚に入れて時折手に取って読むとよい、などがあげられています。それらの内容の柱は、別の親の存在と、関係者たちが子どもの出生を望んでいたこと、そして関係者たちが子どもを愛していることです。つまり、真実の告知とは、血のつながりのない精子、卵子、受精卵によって生まれたという事実だけを伝えるのではなく、なぜ子どもを望んだのか、夫婦が愛し合い、子どもをもち明るい家庭をつくりたいと思った、その愛情を伝えることが大事なのです。

愛情ゆえに医療を受けたことは非配偶者間だけでなく配偶者間生殖医療にとっても重要です。生殖カウンセリングでは、生殖医療によって子どもを授かった夫婦でさえも、自分たちは自然妊娠という「普通」ができなかった恥や罪悪感をもっていて、子どもには治療したことは隠し通したいといいます。しかし、なぜ不妊治療を受けたのかを見つめ直すと、愛する夫婦に子どもがいたらもっと仲睦まじい家族になるだろうと思ったことを語り出します。そのときの気持ちを子どもに伝え、いかに愛されて望まれて生まれてきたのかを親から子どもに伝えることが大事です。

今後、生殖医療がますます進歩し活用されるなかで、人が何を望み何を求めたか、その心を大事にすることが必要であり、これこそがこの医療で幸せになることでしょう。

## 引用文献


ベネッセ教育総合研究所次世代育成研究室　２０１４　未妊レポート２０１３——子どもを持つことについての調査　ベネッセコーポレーション　http://berd.benesse.jp/jisedai/research/detail1.php?id=3681

ベルスキー、Ｊ&ケリー、Ｊ／安次嶺佳子（訳）　１９９５　子供をもっと夫婦に何が起こるか　草思社

ボイバン、Ｊ　２０１１　人はなぜ子どもを作ろうとするのか——妊娠に至るまでの意思決定に関する国際的意識調査　カーディフ妊娠研究グループ

平山史朗・吉岡千代美・出口美寿恵・向田哲規・高橋克彦　１９９８　体外受精反復不成功例の女性はいかに心理的ストレスに対処しているか　産婦人科の実際　**47**　1903–09.

石原　理　２０１０　生殖医療と家族のかたち——先進国スウェーデンの実践　平凡社

小泉智恵　２０１３　難治性不妊夫婦の心理社会的特徴と心理援助　日本ＩＶＦ学会雑誌**16**(2)　15–16頁

小泉智恵・北村誠司・照井裕子・柏木惠子　２０１１　不妊の受容——受容のプロセスをどのように支えるか　第８回日本生殖医療心理カウンセリング学会学術集会抄録集　14頁

小泉智恵・中山美由紀・上澤悦子・遊佐浩子・中村水緒・川内　博　２００５　不妊検査・治療における女性のストレス　周産期医学　**35**　1377–83.

Koizumi, T., Saito, H. & Ishizuka, B. 2013 The effect of grief process on post-traumatic growth in women with primary ovarian insufficiency (POI). *Fertility and Sterility*, 100: S409.

小泉智恵・菅沼真樹・高江正道・杉下陽堂・吉岡伸人ほか　２０１２　卵巣機能不全女性における不妊の受容と成長　日本生殖医学会雑誌　**57**　463頁

国立社会保障・人口問題研究所　２０１２　第14回出生動向基本調査（結婚と出産に関する全国調査）第Ⅰ報告書わが国夫婦の結婚過程と出生力　http://www.ipss.go.jp/syoushika/bunken/data/pdf/207616.pdf

Merck Serono 2010 fertility　妊娠と不妊治療　現状レポート　Merck Serono　http://www.fertility.com/jp/download_fertility_the_real_story_report.html

モンツチ、Ｏ／才村真理（訳）２０１１　大好きなあなただから、真実を話しておきたくて――精子・卵子・胚の提供により生まれたことを子どもに話すための親向けガイド　帝塚山大学出版会

Peterson, B.D., Pirritano, M., Block, J.M. & Schmidt, L. 2011 Marital benefit and coping strategies in men and women undergoing unsuccessful fertility treatments over a 5-year period. *Fertilty and Sterility*, **95**(5), 1759-1763.

Schmidt, L., Holstein, B., Christensen, U. & Boivin, J. 2005 Does infertility cause marital benefit?: An epidemiological study of 2250 women and men in fertility treatment. *Patient education and counseling*, **59**(3), 244-251.

Sydsjo, G., Svanberg, A.S., Lampic, C. & Jablonowska, B. 2011 Relationships in IVF couples 20 years after treatment. Human Reproduction (Oxford, England) 26: 1836-42.

読売新聞　２０１２年４月29日朝刊　海外卵子提供で出生130人

読売新聞　２０１２年５月２日朝刊　卵子提供タイ渡航急増

# あとがき

本書を読んで、読者のみなさんはどのような感想や意見をもたれたでしょうか。まだ結婚していない読者は、夫婦（カップル）になることは「安定と危機のゆれを生きることなのだ」と覚悟したり、そんな関係を回避したくなったりしたかもしれません。夫婦を長年やってきた読者にとっては、「夫婦は、何にもまして心の安らぎを与え合える関係であると同時に、最もストレスに満ちた関係でもあると思っていたけれど、やはりそうだ！」とふり返って納得したり、夫婦問題解決のヒントになったりしたでしょうか。

結婚していようといまいと、上記二つの反応は編者が本書全体を通してみなさんに送りたかったメッセージでもあります。伊藤、柏木、布柴、宇都宮、小泉の執筆による異なる角度からの日本の夫婦の研究から、日本の夫婦・男女関係の特徴がクローズアップされ、21世紀における日本の夫婦の課題が展望されたのではないでしょうか。加えて、布柴、平木、野末、藤田、大河原の執筆による夫婦とほかの家族メンバーの関係性の問題をめぐる臨床実践の知見は、問題や危機に出会うことの積極的意味と危機という転換（期）の迎え方と過ごし方のヒントになったことを期待しています。

本書は、著者の一人である大河原美以先生のもとで二〇一二年七月一六日に行われた日本家族心理学会第29回大会準備委員会企画による夫婦の危機に関するシンポジウムを契機に生まれました。当日、司会を務めた中釜洋子先生を中心に本書の出版が計画され、金子書房に依頼することが決まったところで、九月に中釜先生が急逝されました。シンポジスト柏木先生、宇都宮先生、布柴先生、野末先生に加えて今日的なテーマと執筆者を追加し、執筆を依頼するところから、当初の共同編集者柏木先生と平木が引き継いだといういきさつがあります。

著者一同、中釜先生の章がここにないことを心に留め、本書を今は亡き中釜洋子先生に捧げたいと思います。

最後になりましたが、執筆者のみなさまには、本書を一般読者に向けてわかりやすくするために、原稿の修正をお願いしました。編集の趣旨を理解し、快く応じてくださったことにお礼を申しあげます。また、企画から完成まで編集のさまざまなプロセスを見守り、細やかな配慮と尽力をいただいた金子書房編集部の渡部淳子さんに、編者としてあらためて感謝いたします。

二〇一四年三月

平木典子

## 執筆者（執筆順）


伊藤裕子　いとう ゆうこ　文京学院大学人間学部教授　〈1章〉

柏木惠子　かしわぎ けいこ　編　者　〈2章〉

布柴靖枝　ぬのしば やすえ　文教大学人間科学部教授　〈3章〉

宇都宮博　うつのみや ひろし　立命館大学文学部准教授　〈4章〉

平木典子　ひらき のりこ　編　者　〈5章〉

野末武義　のずえ たけよし　明治学院大学心理学部教授　〈6章〉

藤田博康　ふじた ひろやす　山梨大学大学院教育学研究科教授　〈7章〉

大河原美以　おおかわら みい　東京学芸大学教授　〈8章〉

小泉智恵　こいずみ ともえ　国立成育医療研究センター研究所副所長付研究員　〈9章〉

## 編　者

柏木惠子《かしわぎ けいこ》

東京女子大学名誉教授

1955年東京女子大学文理学部心理学科卒業。1960年東京大学大学院博士課程単位取得満期修了。教育学博士（東京大学）。東京女子大学教授，白百合女子大学大学院教授，文京学院大学教授を歴任。専門は発達心理学，家族心理学。主著に『子どもという価値――少子化時代の女性の心理』（中央公論新社），『家族心理学――社会変動・発達・ジェンダーの視点』（東京大学出版会），『親と子の愛情と戦略』（講談社現代新書），『おとなが育つ条件――発達心理学から考える』（岩波新書），『日本の親子――不安・怒りからあらたな関係の創造へ』（共編著，金子書房）ほか。

平木典子《ひらき のりこ》

統合的心理療法研究所（IPI）所長

1959年津田塾大学学芸学部英文学科卒業。1964年ミネソタ大学大学院修士課程修了。立教大学カウンセラー，日本女子大学教授，跡見学園女子大学教授，東京福祉大学大学院教授を歴任。専門は家族心理学，家族療法。主著に『自己カウンセリングとアサーションのすすめ』（金子書房），『カウンセリングの心と技術』（金剛出版），『アサーション入門――自分も相手も大切にする自己表現法』（講談社現代新書），『図解　相手の気持ちをきちんと〈聞く〉技術――会話が続く，上手なコミュニケーションができる！』（PHP 研究所），『日本の親子――不安・怒りからあらたな関係の創造へ』（共編著，金子書房）ほか。

日本の夫婦
パートナーとやっていく幸せと葛藤
2014年４月30日　初版第１刷発行　　　検印省略
2016年２月20日　初版第２刷発行

編　者　柏木惠子
　　　　平木典子
発行者　金子紀子
発行所　株式会社　金子書房
〒112-0012 東京都文京区大塚3-3-7
TEL03-3941-0111／FAX03-3941-0163
振替00180-9-103376
URL　http://www.kanekoshobo.co.jp
印刷／藤原印刷株式会社
製本／株式会社宮製本所

ISBN978-4-7608-3030-5　C3011　　Printed in Japan